著 ヤニス・バルファキス
訳 朴 勝俊
山崎一郎
加志村拓
青木 嵩
長谷川羽衣子
松尾 匡

黒い匣《はこ》

密室の権力者たちが狂わせる世界の運命

Adults in the Room
My Battle With Europe's Deep Establishment

元財相バルファキスが語る
「ギリシャの春」鎮圧の深層

明石書店

ADULTS IN THE ROOM
by Yanis Varoufakis

謝辞

このような種類の本で、謝意を伝えるべき人たち全員を挙げるとすれば、ご覧のとおりの分量のうえに、さらにたくさんのページを費やす必要がある。彼らには私の感謝が伝わっていると信じ、ここではお二人にお礼を申し上げるに留めたい。一人は、編集者のウィル・ハモンドさんである。彼の忍耐力と技能と寛容さに、私は臆面もなく頼ってしまった。もう一人は、クリスティーヌ・ラガルドさんである。本書の〔原著〕タイトルは、彼女の言葉によっている。

ヤニス・バルファキス

日本語版への序文

小さな物語が世界的な重要性を獲得するとき、それはベストセラーには為《な》しえないようなやり方で、私たちの世界観を変えてくれる。普遍的な意味をもつ物語は、注目を集めるような出来事を扱ったものでなくてもかまわない。小説や詩、映画は、たとえ私たちが気にかけたこともない遙《はる》か遠くの国々に住まう異邦人を扱った、ちっぽけな逸話《いつわ》を語ったものだとしても、私たちの心を大きく揺さぶることがあるものだ。

筆者が、一〇代の頃の自分自身を振り返れば、自分を形作ったイメージは意外な場所からもたらされていた。日本の読者のために本書の序文の構想を練っていると、そうしたイメージの一つが脳裏《のうり》に浮かび上がってきた。それはアテネのさびれた映画館で、一九七〇年代の中頃に見た映画のワンシーンだった。錆《さ》びついたクルマが、スラム街に放置されている（それはシトロエン2CVだったと思う）。その廃車が、呆《ほう》けたようなホームレスの男と、彼の小さな息子の棲《す》み家《か》だった。父親は白昼夢と妄想とで頭がいっぱいだったが、息子は何とか食べ物を手に入れ、必死で父親の面倒を見ていた。結局、その男の子は食中毒で死んでしまった。

それは、私が初めて見た黒澤明の映画、『どですかでん』だった。この映画は私の人生に大きな影響を与えたが、どんな影響かと言われれば、それはいまだに自分でも完全に理解できていない。今の私の立ち位置から説明するとすれば、それはとても単純な説明になる。その映画がまるで一編の詩のように描いていたものは、甚《はなは》だしき人間性の剥奪《はくだつ》、破れた夢、連帯感と残酷さ、悲惨で無意味な損失だった。美しく、優雅にそれらが描かれていた。その男性や少年が日本人だったということ、そして私が日本のことは何も知らないということは、重要ではなかった。ともかく、見たこともないようなシーンと異国の言葉、そして奇妙な映像美のおかげで、黒澤の芸術性が私の内に呼び起こした情動は、このうえなく直接的で強烈なものとなった。

場面は変わって、二〇一五年の七月一六日のことだ。私がギリシャの財務大臣を辞任して一〇日後のことだ（ちなみに本書の幕切れはこの辞任だ）。その夜、ギリシャの映画監督であるコスタ・ガヴラスからeメールが届いた。『Z』や『戒厳令』『ミッシング』『ミュージックボックス』などを製作した、私がそれまで話をしたこともなかったような偉大な監督だ。そのメールのなかでコスタは、『ニュー・ステイツマン』誌に掲載された、私が二〇一五年の出来事について語ったインタビューに言及しながら次のように述べていた。

あなたのインタビューを読ませていただいて……私は長年探し求めていたものをついに見つけた、そう確信しました。それは、一本の架空の映画の主題です。人間的、政治的、文化的な関心事から切り離された、冷たい人間たちの集団が支配するヨーロッパを扱った映画です。数字のことだけに執着する人間たちの話です。あなたの経験と、そしてもちろんあなたのご協力は、このような映画を製作するうえでとても重要なものです。その映画は、ギリシャを扱ったものだとしても、普遍的な意味をもった映画となるに違いありません。

それからというもの、私が回顧録を綴《つづ》っているあいだ、それと並行してコスタ・ガヴラスも映画の脚本にとりかかっていた。私の望みは、ここから後のページで語られる話がまさに、「ギリシャを扱ったものだとしても、普遍的な意味のある」物語だということを、読者の皆さんにご賛同いただけることだ。

日本はギリシャではない

日本とギリシャはまったく違う。どちらも古代からの文明を誇る国だが、ギリシャはずっとまわりの国々に対して貿易赤字を抱えていたのに対し、日本は世界的にみても貿易黒字のサラブレッドだ。また、日本は一九世紀には工業化を始めていたが、いまだにギリシャは相対的に低開発の状態だ。そして何よりも、日本では四半世紀にわたる不況から脱却すべく、中央銀行が(一九九九年のゼロ金利政策や二〇〇一年の量的緩和政策のように)非伝統的な金融緩和政策を世界に先駆けて実施してきたのに対して、ギリシャにはそもそも自前の中央銀行がなく、貨幣供給を欧州中央銀行(ECB)に依存しており、自前の財政政策を策定する権限も著《いちじる》しく制約されているのだ。

しかし日本の言論では、ギリシャの悪夢は誇張された。二〇一二年には野田佳彦政権が、不況の真っ只中《ただなか》で消費税の増税を決めた。世論を誘導するために首相らは、ギリシャの経済危機は「対岸の火事」ではなく、財政赤字はすぐにも抑制しなければならないと論じた。思いもかけないような形で、日本とほとんど無関係な小国ギリシャの話が、日本の経済や政治に関わる議論に入り込んできたのだ。

それから三年後の二〇一五年、私がギリシャの財務大臣だったときのことだ。麻生太郎財相から丁寧《ていねい》な、それでいて不安げな電話が掛かってきた。彼が電話をくれたのは、ギリシャの債務の再編を求める私からの緊急かつ不可欠な要求が、債権団によって無情にも撥《は》ねつけられたため、その報復として国際通貨基金(IMF)に対して私が債務不履行《デフォルト》をしようとしている、というニュースを聞いたためだった。その会話のあいだ、麻生財相の言葉は丁重で親切だった。だがその電話は、本書で語られるホラーのような出来事について、日本の財務省のなかでかなりの不安が渦巻いていたことを伝えていた。

ギリシャがそのような言葉で引き合いに出されることや、麻生財相が電話をしてきたことは、両国がまったく別物であるにもかかわらず、両国の状況を結びつける運命の糸の存在を明らかにしている。それは、最近だけのことではない。そう、日本の「失われた二〇年」と、もっと最近の、そして未だに続いているギリシャの大不況の原因は、究極的には同じものなのだ。だが運命の糸はさらに昔へと続いている。実際のところ、第一次世界大戦後の時期と、第二次世界大戦の頃に、ギリシャと日本の人々の悲劇は並行して起こっていたのだ。

両国の苦難の共通の根源

この本の物語の普遍性には、二つの側面がある。一つは、敗北から何とか希望を攫《つか》もうとする人々という永遠のテーマだ。もう一つは、大戦後の国際通貨体制の設計と、とりわけ一九七一年におけるこの体制の崩壊に関連して、ギリシャと日本の苦難には共通の根源があるということだ。

『グローバル・ミノタウロス』（*The Global Minotaur*）と題した著書で私は、第二次世界大戦後に米国が、いかにして「ブレトンウッズ体制」と呼ばれる見事な国際通貨体制を構築したのかを説明した。それは、新たなドル圏を支えるために、米国以外に欧州と日本という二本の柱を用いたものだった。この通貨体制は日本とギリシャが戦争の廃墟から立ち上がり、徐々《じょじょ》に社会と経済を再建するさいの「環境」だった。しかし、一九六〇年代末には米国はもはやブレトンウッズ体制を支えることはできなくなり、一九七一年にこの体制が終焉《しゅうえん》するや否や、二つの国は苦難に突入した。

一九八〇年代の終わりまでには、日本や世界に対する米国の政策が変わり、日本では不動産バブルが膨らみ、そして崩壊した。銀行はゾンビ化し、日本経済は長期不況へと暗転したのだ。一方のギリシャは、別の経路から影響を受けた。一九七〇年代から段階的に構築されてきた欧州通貨制度（ＥＭＳ）は二〇〇〇年までに欧州共通通貨であるユーロへと変貌《へんぼう》した。その頃から、ウォール街の金融化《フィナンシャリゼーション》への動きのせいで、ヨーロッパの銀行にも持続不能な負債が積み上がっていった。そして二〇〇八年にウォール街が崩壊したとき、ヨーロッパの銀行も壊滅した。それによって起こった景気後退は、ギリシャの巨額の政府債務を急膨張させた。こうして、ギリシャはユーロ圏で最初に倒れるドミノとなったのだ。

このようにみれば、さまざまな相違にもかかわらず日本もギリシャも、米国を中心とする世界通貨秩序が瓦解《がかい》したことによって、苦難を強いられたことが分かる。気味が悪いほどに共通の経済危機によっても、ギリシャの人々が日本の人々よりも遙かに大きな苦難を経験することになったのは、日本が独自の政府機関（とりわけ中央銀行）を維持し続けているのに対して、ギリシャが欧州連合（ＥＵ）に完全に組み込まれようという無謀《むぼう》な試みのなかでそれらを放棄してしまったからだ。欧州連合と共通通貨ユーロの設計が適切なものだったのなら、その考えも悪くなかったのかもしれない。だが、そうではなかった。ユーロの設計は、一九二九年から一九三一年にかけて日本経済をほぼ壊滅《かいめつ》状態に陥《おとしい》れた、金《きん》本位制によく似たものだったからだ。

二〇一〇年のギリシャ、一九二九年の日本

一九二九年の世界恐慌の直後という時期に、日本政府は金本位制への復帰を断行した。日本の通貨と、金《きん》や外国通貨との交換比率を固定したのだ。設備投資が急減し、国内で生産される財（モノやサービス）への需要が崩壊したときに、こうした固定為替相場を維持するための唯一の方法は、いわゆる「対内切り下げ（internal devaluation）」や「緊縮策（austerity）」と呼ばれる政策を発動することだ。外国

の労働や財に対する競争力を高めるために、通貨価値を下落させるのではなく、国内の賃金や物価を引き下げることだ。

しかし緊縮策には二つの問題がある。一つ目は、賃金は必ず物価よりも速く下落するので、終わりなき不況のスパイラルが引き起こされることだ。そして二つ目は、債務（！）という金融変数が、賃金や物価と同じぐらいには速く低下しないことだ。金額の変わらぬ債務を返済する原資となる所得が急減し、他方で負債が膨張して企業の破産が急増した。日本の国民所得が一九三一年までに二割も縮小したのは、そのためだった。

二〇一〇年のギリシャを、まったく同じ現象が襲った。私たちの世代にとっての世界恐慌が、すなわち二〇〇八年の米国発の金融危機が起こったとき、私の祖国はユーロという名の現代版金本位制を採用していた。一九二九年当時の日本政府と同様に、欧州連合の支配層も対内切り下げによって、すなわち緊縮策によって、ギリシャをユーロ圏内に留めようとした。賃金は四割以上も低下したが、物価はそれと同じようには下がらず、債務はまったく減らなかった。こうしてその後の四年間に、企業の破産が蔓延し、国民所得は二五％以上も下落し、ギリシャは深い傷を負った。日本と違って、ギリシャの惨事は金融危機から一〇年も続いており、未だに猛威をふるっているのだ。

日本では、緊縮策によって金本位制を維持しようという破滅的な過《あやま》ちは、世界恐慌から二年後の一九三一年末に放棄された。一九三三年までには力強い経済成長が復活したのだ。しかしギリシャの状況はまったく異なる。ここ数年、日本を含む世界中にギリシャ経済の復活を伝えるニュースが拡散されてきたが、それらは正しくない。私がこの段落を書いている現在でも、共通通貨ユーロの欠陥構造はそのままで、永遠に緊縮策を続けようという愚かしい政策が続いているからだ。その結果、本当の経済回復は訪れず、人道上の危機は続き、若い男女が大挙してギリシャを脱出しているのだ。

結語

本書に綴られたのは、この終わりなき悪夢の物語であり、何より、ギリシャの人々が債務の束縛に対して二〇一五年の一月から七月にかけて抵抗の声を上げた、半年間の反乱の実録である。

二〇一五年一月二五日、ギリシャの有権者たちは、国の荒廃につながるおぞましい不況を終わらせ、尊厳《そんげん》を踏みにじられた状況にピリオドを打つために、私たちの政権を選択した。本書で私は、この反乱の物語をありのままに綴った。私が財務大臣に選ばれるまでの経緯から、ギリシャ経済の機能を麻痺《まひ》させ人道上の危機を深刻化させている緊縮策を終わらせるために、ギリシャの債務の再編を実現するために、私がどのように身を砕《くだ》いたのかに至るまで、すべてを余すところなく、ゾッとするほどの詳細さをもって記述した。

残念ながら、本書の結末はハッピーエンドではない。結局、ギリシャの人々の果敢《かかん》な反乱は、多国籍の寡頭支配層《オリガルヒ》と、あろうことか相手方に寝返った戦友たちによって鎮圧《ちんあつ》されたからだ。本書が読者のみなさんに提供できるものは、現在の世界で権力がいかに（おぞましい仕方で）行使されるのかについての洞察と、苦々しい結末にもかかわらず傷つくことなく残された希望であろう。

黒澤明のすばらしい映画と同じように、本書も善良な人々の敗北によって完結する。しかし、その結末においても、この人々が敗北に打ち負かされることはない。それが、正当性なき権力に黙従《もくじょう》しないという彼らの勇気と決意なのだ。私は、これが普遍的な物語であることを望んでいるし、そうであることを信じている。いやむしろ、まさに日本にとっての物語であることを。

ヤニス・バルファキス

序文

私の前著は『弱者が苦しむのは当然なのか？：ヨーロッパ、緊縮策、および世界の安定に対する脅威』（*And the Weak Suffer What They Must?: Europe, Austerity and the Threat to Global Stability*）と題されている。この本は、なぜヨーロッパが、自らが数十年かけて構築してきた統合性を失い、その魂まで失いかねない状況に陥《おちい》っているのかについて、歴史的な説明を行ったものである。ちょうど前著を完成させた二〇一五年一月に、私はギリシャの財務大臣となり、私の著述の対象であった怪物の腹部に突入してゆくことになる。ギリシャは慢性的な借金漬けの状態にあり、当時は債権団（欧州最強の政府や超国家機関）と激しく対立していた。その国の財務大臣を引き受けたことで、欧州大陸が泥沼にはまった根本原因をじかにこの目で見ることができた。ヨーロッパは、長い時間がたってもこの泥沼から抜け出せないかもしれない。

本書は、一人のギリシャ元財務大臣の物語である。これは、一介の経済学者がしばらく政府の大臣を務め、やがて内部告発者へと変わってゆく物語として紹介されるかもしれない。または、アンゲラ・メルケル、マリオ・ドラギ、ヴォルフガング・ショイブレ、クリスティーヌ・ラガルド、エマニュエル・マクロン、ジョージ・オズボーン、バラク・オバマといった権力者に関する暴露本だといわれるかもしれない。あるいは、破産した小国が債務者の刑務所から脱出すべく欧州の巨人たちに戦いを挑み、名誉ある、惨憺《さんたん》たる敗北を喫する物語だとみなされるかもしれない。しかし、このような解釈は、私が本書を著した本当の動機を伝えてはいない。

ギリシャの春やアテネの春と呼ばれる二〇一五年のギリシャの反乱が無慈悲に鎮圧された直後、スペインでも左派のポデモス党が勢いを失った。残忍なEUの手によって、ギリシャと同じような目にあわされるのではないかと、スペインの有権者たちの多くが不安を抱いた結果であることに疑いはない。ギリシャの民主主義を平然と踏みにじるEUの姿を見て、英国労働党の支持者の多くはEUからの離脱（ブレグジット、Brexit）に賛成票を投じた。ブレグジットがドナルド・トランプを後押しした。トランプの勝利はヨーロッパ中、世界中の排外主義的民族主義者たちの活動の追い風となった。ウラジーミル・プーチンは、西側諸国が驚くほど熱心に自らの墓穴を掘っている様子を見て、我が目を疑っているに違いない。

本書の物語は、欧州、英国、米国の変化を象徴的に表しているに留まらない。私たちの政治体制や社会保障制度がなぜ、そしてどのように解体されているのかについて、現実的な洞察を与えるものである。台頭する極右が流すフェイクニュースに、いわゆる自由主義的な支配層《エスタブリッシュメント》が対抗してみせていたが、二〇一五年に民主的に選ばれた欧州統合支持派のギリシャ政府に対して、事実の歪曲と誹謗中傷のための猛烈なキャンペーンを行っていたのは、まさにその支配層であった。そのことを確認しておくのは有益であろう。

しかし、こうした洞察は有益ではあろうが、私が本書を書いた動機はもっと深いものであった。私自身が経験した個々の出来事の背後に、普遍的な物語がみえた。それは、非人間的で目に見えない権力関係のネットワークが創り出した残酷な状況に翻弄《ほんろう》されることになった人間には、いったいどんなことが起こるのか、ということである。本書には「善人」も「悪人」も登場しない。むしろ、自分で選択したわけではない状況下で最善を尽くそうとしている人たちが登場人物である。私が出会い、本書に描いた人々は、正しい行動をしていると信じていたが、全体として彼らの行為は大陸規模の災いをもたらした。これは正真正銘、悲劇の題材ではなかろうか。ソフォクレスやシェイクスピアの悲劇が、物語られている出来事がまったく古くさくなってしまった現在においても私たちの共感を呼んでいるのは、こうしたテーマのせいではなかろうか。

あるとき、国際通貨基金（IMF）の最高責任者であるクリスティーヌ・ラガルドは怒りにまかせて、このドラマを結末に導くためには「あの部屋の大人たち（adults in the room）」〔の対話〕が必要なのだと発言した。彼女の言うとおりだった。このドラマが展開した数多くの部屋のなかには、大人というべき人間はほとんどいなかったのだ。とはいえ、登場人物たちは大きく二つに分類される。凡庸《ぼんよう》な人物と、魅力的な人物だ。凡庸な人物の仕事は、上司からの命令書のチェックシートに印をつけてゆくだけのことだった。しかし多くの場合、彼らの上司（ヴォルフガング・ショイブレのような政治家や、クリスティーヌ・ラガルドやマリオ・ドラギのような官僚たち）は違っていた。彼らは自省し、自分自身の役割を見つめ直せるだけの資質を持っていた。だからこそ、面白いほどに、自己実現的な予言の罠《わな》にはまりやすかったのである。

実際、ギリシャに対する債権団の仕事をみていると、オイディプスの国でマクベスの物語が繰り広げられているかのようだった。オイディプスの父親はテバイのライウス王であるが、彼は息子に殺されるという予言を信じ、それを避けようとあがいた末に、結局は息子に殺されてしまう。それと同じように、このドラマにおいては知性も権力も備えた登場人物たちが、予言が成就《じょうじゅ》するのを恐れて、かえって破滅を引き寄せていた。自分たちの権力の儚《はかな》さを自覚するがゆえに、危うい方法によって自らの権力を強めようとした。ギリシャ政府が破産宣告することが、欧州に対する彼らの政治的権限を喪失させることを恐れるがゆえに、かえってギリシャに対する支配力のみならず、ヨーロッパに対する支配力をも損なう政策をとるに至ったわけである。

彼らはある時点でマクベスのように、権力が耐えがたい無力へと変質することに気づき、最悪の選択をとらざるをえないと感じたようだ。私には彼らが、次のように言っているように聞こえた瞬間があった。

血の流れにここまで踏みこんでしまった以上、
今さら引返せるものではない、思いきって渡ってしまうのだ、
怪しげな影が、この頭のなかに、そして、それが手にのりうつろうとしている、
そうだ、とめることはない、やってしまうのだ、考えるのはあとでよい。

『マクベス』III.iv〔福田恆存訳〕

このような残酷なドラマの主人公による独白が、偏向や自己弁護を含まないことはありえない。できるかぎり公正不偏を保つために、私は自分自身やほかの登場人物のふるまいを、古代ギリシャ悲劇やシェイクスピア悲劇のレンズを通して見るようにした。そこには善も悪もなく、登場人物たちは自分たちの意図に反する出来事に翻弄されてゆく。私が魅力的だと感じた人物たちや、凡庸さゆえにさほどそう感じなかった人物たちを題材にして、悲劇作家たちの仕事を受け継ぐことができたかどうかは分からない。だからといって弁解はしたくない。違った方法で彼らを表現したならば、この記述の歴史的な正確さを損なうことになったであろうから。

ヤニス・バルファキス

目次

Contents

第Ⅰ部　われらが不満の冬は続く

第Ⅱ部　決意の春

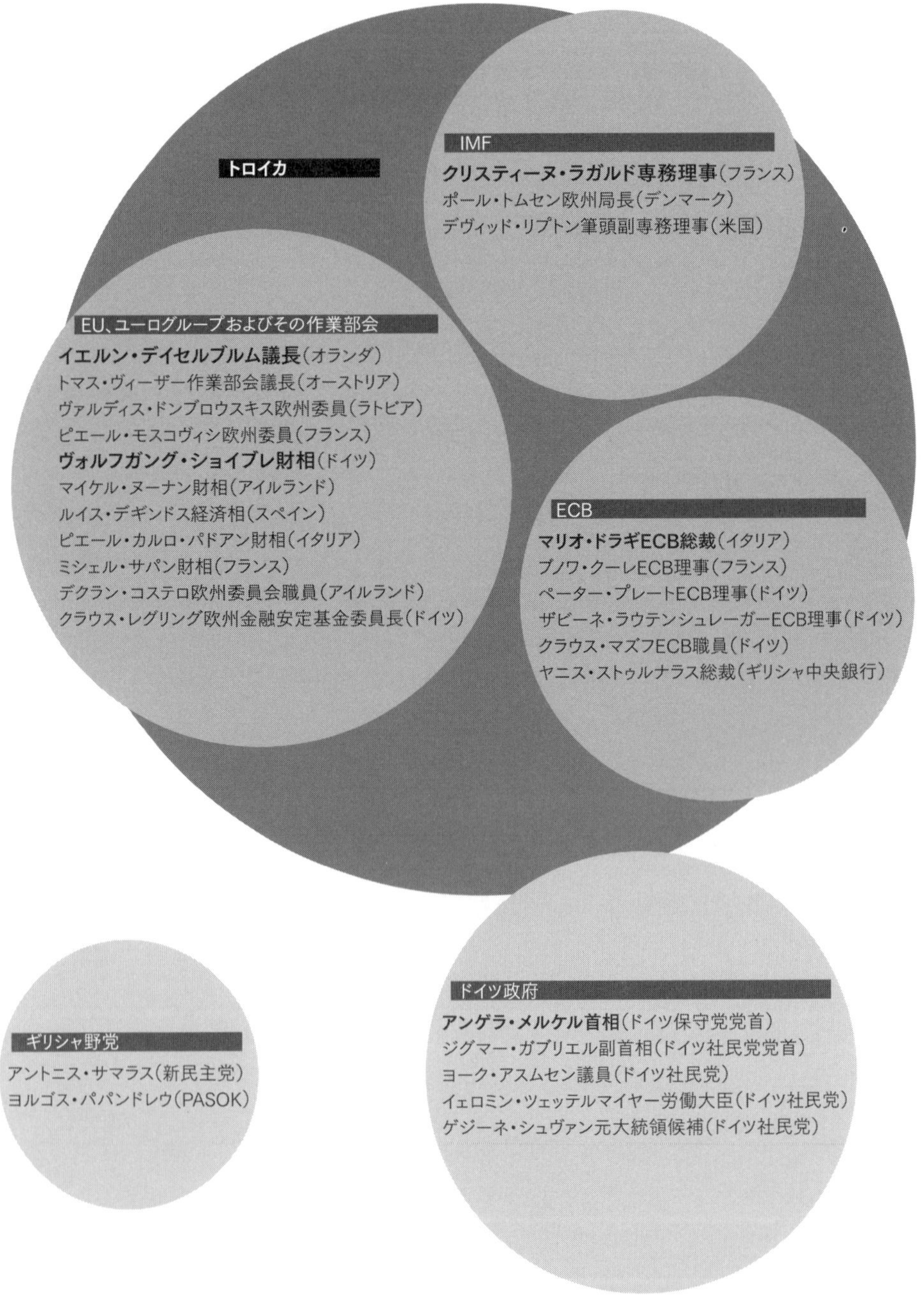
トロイカ
IMF
クリスティーヌ・ラガルド専務理事(フランス)
ポール・トムセン欧州局長(デンマーク)
デヴィッド・リプトン筆頭副専務理事(米国)
EU、ユーログループおよびその作業部会
イエルン・デイセルブルム議長(オランダ)
トマス・ヴィーザー作業部会議長(オーストリア)
ヴァルディス・ドンブロウスキス欧州委員(ラトビア)
ピエール・モスコヴィシ欧州委員(フランス)
ヴォルフガング・ショイブレ財相(ドイツ)
マイケル・ヌーナン財相(アイルランド)
ルイス・デギンドス経済相(スペイン)
ピエール・カルロ・パドアン財相(イタリア)
ミシェル・サパン財相(フランス)
デクラン・コステロ欧州委員会職員(アイルランド)
クラウス・レグリング欧州金融安定基金委員長(ドイツ)
ECB
マリオ・ドラギECB総裁(イタリア)
ブノワ・クーレECB理事(フランス)
ペーター・プレートECB理事(ドイツ)
ザビーネ・ラウテンシュレーガーECB理事(ドイツ)
クラウス・マズフECB職員(ドイツ)
ヤニス・ストゥルナラス総裁(ギリシャ中央銀行)
ドイツ政府
アンゲラ・メルケル首相(ドイツ保守党党首)
ジグマー・ガブリエル副首相(ドイツ社民党党首)
ヨーク・アスムセン議員(ドイツ社民党)
イェロミン・ツェッテルマイヤー労働大臣(ドイツ社民党)
ゲジーネ・シュヴァン元大統領候補(ドイツ社民党)
ギリシャ野党
アントニス・サマラス(新民主党)
ヨルゴス・パパンドレウ(PASOK)

主な登場人物

characters

著者と近親者

ヤニス・バルファキス財相（著者）
ダナエ・ストラトゥ（著者のパートナー、芸術家）

バルファキス・チーム

グレン・キム
エレナ・パナリティ
ナタシャ・アルヴァニティ
ヨルゴス・クツコス
ヴァシリ・カフロス
ニコラス・セオカラキス
フォティニ・バカディマ

著者の支援者など

ノーマン・ラモント（英・元財相）
ジェフリー・サックス（米・経済学者）
ジェームズ・ガルブレイス（米・経済学者）
バーニー・サンダース（米・上院議員）
ラリー・サマーズ（米・元財務長官）

ランブロス（ホームレスの通訳者）

ギリシャ・シリザ政権

アレクシス・チプラス首相
ニコス・パパス首相府付大臣
ヤニス・ドラガサキス副首相
スピロス・サギアス官房長官
エフクリディス・ツァカロトス外交担当大臣
ヨルゴス・スタサキス経済相
パナヨティス・ラファザニス生産復興相
ヨルゴス・フリアラキス経済諮問委員会委員長
ヤニス・ルバティス情報局長
パノス・カメノス国防大臣（右翼・独立ギリシャ人）

各国政府、国際機関

バラク・オバマ大統領（米国）
ジャック・ルー財務長官（米国）
エマニュエル・マクロン経済相（フランス）
駐ギリシャ中国大使
アンヘル・グリアOECD事務局長

金融界

ダニエル・コーエン（ラザール・フランス）
マティウ・ピガス（ラザール・フランス）
トマス・マイヤー（ドイツ銀行）
ヴィレム・ブイター（シティバンク）

引用した発言に関して

本書のような書籍は、誰が誰に対して何を言ったのかに依っている。そのため、引用された発言の正確さを保つためにあらゆる努力を注いだ。本書に現れる数多くのオフィシャルな会議や会話については、私の携帯電話の音声録音や、当時の私自身のメモを利用することができた。私自身の録音やメモが利用できない場合には、私自身の記憶に頼るほかなかったが、可能な場合には、その場面に居合わせた人の証言も活用している。

読者には、この本に含まれている会話の多くがギリシャ語で行われていたことに注意していただきたい。こうした会話には、財務省での私のスタッフとの相談、国会での議論、アテネの街での会話、チプラス首相との相談、閣議、そしてパートナーであるダナエとの会話が含まれる。もちろん、これを英語に翻訳したのは私だ。

ギリシャ語でも英語でもない言葉で交わされたのは、フランスの財務大臣、ミシェル・サパンとの会話だけである。実際、サパンはユーログループのなかで唯一、英語を話さないメンバーであった。私たちは通訳を介して話をしたが、彼がフランス語で話し、私が英語で返答することも頻繁にあった。お互い、相手の言うことは十分に理解できたので、会話が成立したのである。

どんな場合にも、公共の利益に関連し、数百万人の人々の命に関わる出来事に光を当てるようなやりとり以外は、いっさい私の記述に含めないようにした。

凡例

・本文中の［　］は原著者による補足を、〔　〕は訳者による註を示す。

・人名の音訳語は、人物の母語の発音になるべく忠実に日本語音に置き換えた。ギリシャ人の人名は現代ギリシャ語の発音に準拠している。ただし、すでに新聞などで慣用されている音訳がある人物については、その限りではない（バルファキス、チプラスなど）。ギリシャの地名（アテネ、テッサロニキなど）の音訳は、学校教科書等で慣例的に用いられている、古代ギリシャ語に近い発音によっている。

・本書の円ユーロ為替レートは、二〇一八年七月平均に基づき一ユーロ＝一三〇円、円ドル為替レートは一ユーロ＝一一一円とする。

第I部
われらが不満の冬は続く
Winters of our discontent

1. 序章 Introduction

ホテル・バーの闇のなか、色彩といえるものは、グラスに揺れる液体の琥珀《こはく》色だけだった。私が近づくと、男はこちらに視線を上げて会釈《えしゃく》をしただけで、すぐに手元のウィスキーのタンブラーに視線を戻した。私はビロードのソファーに体を沈めた。疲れ切っていた。

男が口を開いた。おなじみの彼の声はいやに不機嫌《ふきげん》だった。

「バルファキスさん。あなたは大きな失敗を犯しました」

春のワシントンの真夜中は、昼間には想像がつかないほど穏《おだ》やかだ。政治家やロビイスト、その取り巻きたちの姿が消え、穏やかな空気のなかでそのバーは開放されていた。お客といえば、夜明けまで起きている理由もなさそうな少数の人たちか、責任が重すぎて眠れないさらに少数の人たちだけだ。その夜、私は後者だった。それまでの八一夜、そしてそれからの八一夜と同じように。

国際通貨基金（IMF）のビル（一九番街ノースウェスト七〇〇番地）からこのホテル・バーまでは、闇《やみ》のなかを歩いて一五分かかった。何の特徴もないワシントンの道路を孤独に歩くことが、こんなにも癒《い》やしになるとは想像もしていなかった。また、すばらしい人物に会えることを思えば気分も軽かった。それまで一五時間もテーブルを囲んで会議をしていた権力者たちは、ただの俗物か、怖《お》じ気《け》づいて自分の本心を表に出せない人間ばかりだった。しかしこれから会う人物は、ワシントンの内外で強い影響力を持ち、俗物だとか臆病《おくびょう》だとかいって批難《ひなん》することは誰にもできない男なのだ。

彼の辛辣《しんらつ》な一言ですべてが変わった。明りは薄暗く、影は揺らいでおり、寒気すら感じられた。

私は平静を装って尋《たず》ねた。「失敗とは、いったい何のことですか？」

「選挙に当選したじゃありませんか！」と彼は答えた。

その日、二〇一五年四月一六日は私の、ギリシャ財務大臣としての短い任期のちょうど中間だった。ほんの半年前まで、私は一介の経済学者であり、アテネ大学をしばらく離れて、米国オースティンにあるテキサス大学のリンドン・B・ジョンソン公共政策大学院で教えていた。しかしこの一月にギリシャの国会議員に当選してから、私の人生は大きく変わってしまった。私の選挙公約はただ一つ、IMFや欧州諸国から押しつけられている破滅的な緊縮《きんしゅく》策を終わらせ、ギリシャを債務《さいむ》の束縛から解放するために全力を尽くすことだった。この町に来たのも、このバーに来たのも、この約束のためだ。私の政策チームのメンバーであるエレナ・パナリティが同行していた。今夜の面会を調整してくれたのは彼女だった。

彼の乾いたジョークに対して、私は狼狽《ろうばい》を隠すために微笑《ほほえ》んでみせた。頭のなかではまず、こんな考えが浮かんだ。彼がこんなことを言うのは、敵の帝国と対決する私の決意を強くしてやろうと思っているからではないか？ 米国の第七一代財務長官、ハーバード大学の第二七代総長は、柔らかい物腰で有名なわけではないのだ。そう考えて自分を安心させた。

私は、深刻な仕事の話が始まるのをもう何分か遅らせるために、バーテンダーにウィスキーを注文した。そして、彼に向かってこう言った。「私の『失敗』について説明していただく前に、これだけは言わせてください。ここまで数週間、あなたのご支援とご助言がどんなに貴重だったことか。心から感謝しています。何しろ、何年も前から私はあなたのことを闇のプリンスと呼んできたのですから」

ラリー・サマーズは動じることなく答えた。「少なくともあなたは私をプリンスとお呼びになる。ほかからは、もっと悪しざまに呼ばれてきましたけどね」

その後の会話は厳粛《げんしゅく》なものに変わった。二～三時間にわたり、債務スワップ、財政政策、市場改革、「バッド・バンク」〔公的資金で民間金融機関の不良債権を買い取って処理する機関〕等々、技術的な問題について話し合った。政治的な話題に入ると彼は私に注意した。「ヨーロピアンたち」（欧州の権力者を彼はこう呼ぶ）は躍起《やっき》になって私を潰《つぶ》そうとしており、私はプロパガンダ合戦に敗れつつあるというのだ。また彼は、長く苦められてきたギリシャのための新たな協定は、どんな

wikimedia commons

ラリー・サマーズ
(Larry Summers)

ものであれ、ドイツの首相が自分の有権者に対して、自分の発案であり、彼女の個人的な業績であると言えるものでなければならない、と言った。私は同意した。

話は思ったよりもよい方向に運び、重要な問題についてはほとんど合意できた。私たちが相手にしている国際機関・各国政府・マスコミの複合体がギリシャ政府に降伏を迫り、私の首を銀の盆に載《の》せて持ってこいと要求しているなかで、泣く子も黙《だま》るラリー・サマーズの支持を固めることができたのはなかなかの手柄《てがら》だった。ギリシャの次の一手について意見を一致させると、疲労とアルコールの効果から、今夜はこれぐらいにしましょうか、という言葉が私の口から出かかった。だがそのとき、サマーズは私をじっと見つめて、一つの質問をぶつけてきた。それは、あまりによく訓練されたセリフのように聞こえたので、ほかの人にも同じ質問をしたことがあるように思われた。★1
「政治家には二種類しかいません。インサイダーとアウトサイダーです。アウトサイダーは自分にとっての真実を発言する自由を優先します。その自由の代償《だいしょう》は、重要な決定を行うインサイダーたちから無視されることです。一方で、インサイダーは神聖な規則に忠実です。けっしてほかのインサイダーと敵対することはなく、インサイダーたちの言動をアウトサイダーに漏《も》らすようなこともしません。その報《むく》いとは何か？　それは内部情報へのアクセスと、権力を持った人々や政策に影響を与えることができる可能性です。成功の保証はありませんが」。こう言って、質問に到達した。「さて、バルファキスさん。あなたはどちらですか？」

本能的に、一言で答えるべきだという衝動に駆《か》られたが、私は多くの言葉を費やした。

「私の性格からして、生まれながらのアウトサイダーです」と言って、あわてて言葉をつないだ。「でも、ギリシャの人々を債務者の刑務所から解放するためなら、ギリシャのための新たな協定を実現させるためなら、自分の本性《ほんしょう》を押し殺す覚悟はできています。信じて下さい。ギリシャのために、何よりヨーロッパのために、マトモな協定を議題に載せるために必要なら、根っからのインサイダーを演じます。しかし、交渉相手のインサイダーたちに、永遠の債務の束縛からギリシャを解放しようという意志などさらさらないことが分かれば、私はためらいなく内部告発をするでしょう。……そして外に出ます。もともと、私にとっては外部で生きることのほうが自然なのですから」

じっと考えて、「いいでしょう」と彼は言った。

私たちは店を後にした。私たちが話している間に土砂降りになっていた。彼をタクシーまで見送ると、私の春服は瞬《またた》く間に雨でびしょ濡《ぬ》れになった。タクシーが走り去ると、抑えていた願望を叶《かな》えるチャンスが来た。これまで何日間も、何週間も、耐えがたい会議を乗り切ってこれたのは、会議さえ終わればこの願望が叶えられると思えばこそだった。誰にも気づかれることなく、冷たい雨のなかを歩くこと、ただそれだけが私の願望だった。

　完全なる孤独のなか、幾重《いくえ》もの冷水の帳《とばり》を突き破って進みながら、私は今回の面会を吟味《ぎんみ》した。サマーズは消極的だが、味方ではある。彼は、私たちの政府の左翼的政策に付き合う時間こそないが、私たちの敗北が米国の利益にならないことを理解している。ユーロ圏の経済政策がギリシャに対して残虐《ざんぎゃく》なだけでなく、ヨーロッパにとっても最悪で、ひいては米国にとっても有害だということも分かっている。この間違った政策をヨーロッパのあちこちで実施する前に、これをテストし「改良」するための実験室がギリシャだということも。サマーズが手を貸してくれる理由はそれだ。私たちは、政治的イデオロギーは異なるが、同じ経済学の言葉を使い、目標と戦術については簡単に合意できた。しかし、彼は顔には出さなかったが、先の質問に対する私の答えが彼にとって心外だったのは明らかだ。思うに、インサイダーになる意欲を私がいくらかでも示していれば、タクシーに乗るときの彼はもっとハッピーだっただろう。だが、この本が出版されたことからも明らかなように、それは無理なことだ。

ホテルに戻り、体を拭《ふ》いた。私を再び最前線へと召喚する目覚まし時計が鳴るまで、あと二時間しかない。私はその時、ある不安な考えに襲われた。ギリシャ政府の中枢《ちゅうすう》にいる仲間たちは、サマーズの質問にどう答えただろうか？　その夜は、信じることにした。彼らも私と同じように答えるだろうと。

　それから二週間もたたずに、私は初めてはっきりと疑念を抱くことになる。

スーパー・ブラックボックス

二〇一二年八月二九日、ヨルゴス・ハツィスが行方不明になった。彼が最後に目撃されたのは、ギリシャ北部のシアティスタという小さな町の福祉事務所だった。そこで彼は、毎月の障害者手当二八〇ユーロの給付が停止されたと知らされた。目撃者によれば、彼は不満の言葉を口にしなかった。新聞記事によれば「彼は呆然《ぼうぜん》として、何も言えなかった」。その直後、彼は携帯電話で妻に最後の呼び出しを行った。自宅には誰もいなかったので、彼は伝言を残した。「僕はもうダメだ。君にしてあげられることは何もない。子どもたちをよろしく頼むよ」。数日後、そこから離れた森のなかで彼の遺体が見つかった。断崖で首を吊《つ》っていた。地面には携帯電話が置かれていた。

その数か月前にはアテネ中心部のシンタグマ広場で、元薬剤師で七七歳のディミトリス・フリストゥラスが、緊縮策に反対する痛ましい政治的な宣言文を遺《のこ》してピストル自殺していた。そのため、ギリシャの大不況によって大量の自殺が発生していたことは、すでに外国のメディアの注目を集めていた。かつては、フリストゥラスやハツィスの愛する人々が静かで厳《おごそ》かな悔やみの声を上げれば、強硬を極めた官憲でさえも沈黙せざるをえなかった。今では、このベイルアウティスタン(Bailoutistan)において、権力者は被害者とは距離を置いている。ベイルアウティスタンとは、二〇一〇年以降のギリシャに対し、皮肉を込めて私が付けた呼び名だ〔救済策《ベイルアウト》によって支配された国家という意味〕。彼らは、五つ星のホテルに立てこもり、高級車の隊列を驀進《ばくしん》させるだけだった。ときおり、彼らも神経の疼《うず》きを感じることがあったが、根拠なき経済回復の見通しによってそのような感覚を鎮《しず》めていた。

同じ二〇一二年、ラリー・サマーズからインサイダーとアウトサイダーの話を聞かされる三年も前のことだが、私のパートナーで芸術家のダナエ・ストラトゥがアテネ下町のギャラリーでインスタレーション作品を展示した。「ブラックボックスを開くときだ!」という題名だった。作品は、金属の箱一〇〇個を幾何学的に床の上に並べたものだった。それぞれの箱には、ダナエが選んだ単語が一つ入っていた。それは、「あなたが最も恐れていること、または、あなたが最も失いたくないものを、単語一つで答えてください」というダナエの質問に対して、ソーシャルメディアで何千人ものアテネ市民が答えてくれた言葉だ。

飛行機が墜落《ついらく》した場合に開かれるブラックボックスと違って、手遅れになる前にこれらの箱を開けようというのが、ダナエの発想だった。最も多かった答えは仕事や年金、貯金ではなかった。アテネの人々が、失うことを最も恐れたものは尊厳だった。住民のプライドが高いことで知られるクレタ島では、経済危機が襲ってから記録的な数の自殺が発生していた。不況が深刻化して怒りの葡萄《ぶどう》が「収穫の時期」を迎えたとき、何よりも恐れられていたのは尊厳を失うことだったのだ〔『怒りの葡萄』は一九三〇年代の大不況時の米国農村を描いたスタインベックの小説〕。

作品目録に寄せた文章において、私はほかのブラックボックスとの対比を行った。工学的な意味においてブラックボックスとは、装置やシステムであり、私たちが内部の仕組みを知ることはできないが、入力を出力に変える機能は私たちにも理解でき、うまく活用できるようなものだ。たとえば携帯電話は指の動きを確実に発信音やタクシーの配車へと変換するが、私たちのほとんどにとっては、電気技術者でもないかぎり、なかで何が起こっているのかはまったくの謎である。

哲学者が言うように、他者の精神は本質的にブラックボックスである。他人の頭のなかで何が起こっているかを正確に知ることは不可能なのだ（この本に綴《つづ》った一六二日の間、私はしばしばまわりの人たち、特に戦友たちがこの意味でのブラックボックスではないことを祈ったものだ）。

さて、世の中には「スーパー・ブラックボックス」と呼ぶべきものが存在する。それはあまりに巨大で重要なため、それを生み出して制御している人々でさえ、内部の働きを完全に理解できない。たとえば、金融派生商品《デリバティブ》はそれを設計した金融工学者でさえその影響を十分に理解できていない。グローバル銀行や多国籍企業の活動はそのCEOでさえ把握しきれない。そしてもちろん、政府やIMFのような超国家機関は、政治家や高級官僚たちが取り仕切っているが、彼らは何らかの職務に就《つ》いていても、本当にそれを制御する力を持っていることはめったにない。彼らも（貨幣、債務、課税、投票などの）入力を（利潤《りじゅん》、もっと複雑な形の債務、社会保障給付の削減、教育・医療政策などの）出力へと変換する。スーパー・ブラックボックスが、ちっぽけなスマートフォン（や他の人間）と違うところは、私たちのほとんどが入力をまったく制御できないにもかかわらず、そこからの出力が私たちの人生を決めてしまうことである。

その違いを一言で要約するならば、それは「パワー」である。波濤《はとう》の破壊力や電気に関するパワーとは異なり、もっと微妙で不吉なパワー、つまり権力のことだ。それは、ラリー・サマーズが言うところの「インサイダー」が有する権力であり、秘密情報を持つ者の権力のことだ（そして、この権力を私が受け容れないことを彼は心配していたのだ）。

私が大臣を辞める前にも後にも、人々はしきりに尋ねてきたものだ。「IMFはギリシャに何を要求したのか？　債務免除を拒否した人たちには、秘められた悪意があったのか？　彼らは空港や、海辺のリゾート、電話会社など、ギリシャのインフラを破壊することで儲《もう》けようとする企業の手先なのか？」物事がそんなに単純だったらどんなによいことか。

私たちは巨大な経済危機を権力者たちの陰謀《いんぼう》のせいにしたくなるものだ。タバコの煙が立ちこめた密室のなかで狡猾《こうかつ》な男たちが（ときには女たちも）、公共善と弱者を犠牲にして利益を上げるための謀略《ぼうりゃく》を話し合っているというイメージだ。だがそれは妄想《もうそう》にすぎない。私たちを取り巻く状況が急激に悪化したことが、たとえ陰謀のせいだとしても、それに関わった人々には陰謀に加担したという自覚さえないに違いない。多くの人々に陰謀のように見える出来事は、スーパー・ブラックボックスのネットワークから発生した結果にすぎない。

こうした権力のネットワークの鍵は、排他性《はいた》と不透明性である。二〇〇八年の経済崩壊に先立つ数年間の、ウォール街やロンドンの金融街《シティ》における「欲望は善だ」という風潮を思い出そう。銀行のまともな職員たちは、自分たちが見ていること、していることを心の底から心配していた。しかし、恐ろしい事態の進行を示唆《しさ》する証拠や情報を手にしたとき、彼らはサマーズのジレンマに直面した。情報を外部に漏らして無用の存在となるか、秘密を守って共犯者になるかだ。あるいは、ほかの事情通と情報を交換して個人的な協力関係を構築し、より広いインサイダーのネットワークのなかで、自分たちの権力を強めることもできる。もっと機微《きび》な情報が交換されるようになると、この二人の協力関係は、ほかの同様の協力関係と連結されてゆく。その結果、ほかの既存のネットワークのなかでも、権力のネットワークが生まれてゆく。それに関与した人々は、それを意識することなく、事実上の共犯者となってゆくわけだ。

情報を握っている政治家がジャーナリストに特ダネを漏らして、自分の利益に沿った記事を書いてもらうとき、ジャーナリストは無意識にインサイダーのネットワークに組み込まれていく。そのジャーナリストが偏向記事の作成を拒否すれば、貴重な情報源を失い、ネットワークから排除されるリスクが生じる。こうして権力のネットワークは、アウトサイダーを組み入れ、協力を拒《こば》む人物を排除しながら、情報の流れを制御しているのだ。彼らは組織として進化し、個人の意図を遥《はる》かに越えた、誰にもコントロールできない衝動に突き動かされてゆく。それは、米国大統領でさえ、バークレイズ銀行のCEOでさえ、IMFで重要な役割を果たしている人物でさえ、一国の政府でさえ、制御できないものだ。

いったん権力の網に組み込まれてしまえば、内部告発を行うには英雄的な人格が必要となる。特に、膨大なカネが生み出す轟音《ごうおん》のなかで、考えるゆとりがない場合にはそれは困難だ。そして、反逆を決めたひと握りの人間たちは、流れ星のように消え失せてゆき、せわしない世界からすぐに忘れ去られる運命にある。

興味深いことに多くのインサイダーは、特にネットワークに緩やかに繋《つな》がっているだけの人たちは、接触が緊密でないせいで、自分たちが紡《つむ》いでいる網そのものには無頓着《むとんちゃく》である。また、ネットワークの中枢に埋め込まれ、あまりに奥まで入り込みすぎた人たちは、もはや外部というものが存在していることさえ分からない。ラリー・サマーズはこの手の希有《けう》なインサイダーの一人だ。私に対する彼の問いは、実のところ、外部の誘惑を断ち切れという呼びかけであった。彼の信念体系を支えていたのは、ブラックボックスの中からしか、この世界をよりよくすることはできないという確信だったのだ。

だが私は、まさにこの点で、彼は間違っていると思う。

迷宮に入るテセウス

二〇〇八年まで、スーパー・ブラックボックスは安定的に機能しており、世界は均衡がとれ、自己回復力があるように見えた。当時、英国のゴードン・ブラウン首相は「好況と不況」の終わりを讃《たた》え、間もなく米国連邦準備理事会（ＦＲＢ）の議長となるベン・バーナンキは「大いなる安定の時代（the Great Moderation）」の到来を告げた。もちろんそれは、スーパー・ブラックボックスが呼び起こした幻想にすぎなかった。それを動かしているインサイダーを含めて、誰もその中身を理解できていなかったのだ。そして二〇〇八年、その箱は大きな音を立てて崩壊《ほうかい》し、小国ギリシャを破滅《はめつ》させ、私たちの時代に一九二九年〔の世界恐慌〕を再現させた。

いまだに私たちに暗い影を落としている二〇〇八年の金融危機は、私の見立てでは、この世界のスーパー・ブラックボックスの最終的な崩壊によるものであった。それは私たちの生存を左右する権力のネットワークの、共謀《きょうぼう》者なき共謀の崩壊であった。サマーズは忠実に、この崩壊したネットワークの作用によって、すなわちインサイダーの正常な作動によって、経済危機の解決策がもたらされると信じ込んでいたわけだが、私にはそれが痛々しいほど浅慮《あさはか》に思われた。そう思ったのは驚くべきことではない。そもそも私自身が、彼に会う三年前に、ダナエの作品目録にこう書いていたのだ。「今や、良識が、人類すべての階級が、そしてこの地球が生き残るためには、スーパー・ブラックボックスを開くことが前提条件となった。とにかく、弁解の余地はなくなった。今こそブラックボックスを開くときなのだ！」しかし現実には、これは何を意味するのだろうか？

第一に、私たちは、すでに私たち一人一人がネットワークの結節点《ノード》になってしまっているという現実を直視すべきである。私たちは事実上、善意の共犯者なのだ。第二に、迷宮に入るテセウス〔ギリシャ神話でクレタ島の迷宮に棲《す》む怪物ミノタウロスを退治した英雄〕のように、私たちがネットワークの内部に侵入し、情報の流れを混乱させることができれば、そしてできるかぎり多くの内部関係者の心のなかに、情報漏洩《ろうえい》は防ぎようがないという恐怖心を抱かせることができれば、機能不全の権力ネットワークは自らの重さと誤りによって崩壊するであろう。これはウィキリークスが証明してくれた。第三に、旧来の閉じたネットワークを、新たな閉じたネットワークに置き換えようとする傾向に抵抗する必要がある。

それから三年、ワシントンのバーでサマーズに見《まみ》えるまでには、私もずいぶんと穏健《おんけん》化していた。私にとって、情報を外部に漏らすことよりも、ギリシャを債務者の刑務所から救い出すために全力を尽くすことの方が、優先順位が高くなっていたのだ。もしインサイダーのふりをすればそれが可能だというなら、そうするまでだ。しかし、インサイダー集団に加入するための代償として、ギリシャの隷属《れいぞく》がいつまでも続くことを受け容れろと言われたら、私は即座に脱出する。インサイダーの迷宮のなかでアリアドネの糸〔迷宮の入り口までの帰り道が分かるようにするための糸〕をほどいてゆき、それを辿《たど》っていつでも脱出できるようにすることが尊厳回復の前提条件だ。ギリシャの人々の幸福はこの尊厳にかかっている。私はそう信じている。

　サマーズと面会した次の日、私は当時の米国財務長官、ジャック・ルーに会った。財務省での会合の後、私を見送ってくれた職員が親切に声をかけてくれたので驚いた。「大臣、私はこれを伝えずにはいられません。あなたは一週間以内に、ブリュッセル〔EU中枢部〕からのネガティブ・キャンペーンに晒《さら》されるはずです」。それを聞いてはっきりと思い出した。サマーズは大樹の陰に身を寄せることの重要性を教えてくれただけでなく、プロパガンダ合戦に敗れそうだぞと警告してくれていたのだった。

　もちろん、それも驚くべきことではない。二〇一二年に自分で書いたとおり、インサイダーたちは、スーパー・ブラックボックスを開けて外部の視線に晒《さら》そうなどという人物を、徹底的に攻撃するものだ。「簡単なことは一つもない。ネットワークは暴力的な反応を示すだろう。現にすでにそうしている。彼らはより権威主義的に、閉鎖的に、分裂的になってゆくだろう。彼らはますます自分たちの『安心・安全』と情報の独占にしがみつき、一般の人々を信頼しなくなってゆくだろう」★2

　ギリシャの解放を諦《あきら》めればブラックボックスの中に特権的な地位を与えましょうという申し出を、私が強情に拒否したために、ネットワークがどれほど私に暴力的な反応を見せたことか。それを、以降の章で述べてゆこう。

ここに署名しろ！

　すべては、一枚の紙切れへの署名が問題だった。つまり新しい救済融資協定書に印《しる》された点線の上に、私が署名するのかどうかということだ。しかしこの協定書は、ギリシャを債務者の刑務所のさらに奥深くに閉じ込めるものだったのだ。

　なぜ私の署名がそんなに重要だったのか。奇妙なことに、IMFおよび欧州連合（EU）との救済融資協定に署名するのは、破産国家の大統領や首相ではなかった。この危うい特権は、不運な財務大臣に与えられていたのだ。そのため、ギリシャに対する債権団にとっては、インサイダーになれという彼らの意志に私が屈するか、さもなければ私を潰《つぶ》してもっと御《ぎょ》しやすい人物に交代させるかが、決定的な重要事項になっていた。もし私が署名すれば、ほかのアウトサイダーたちもインサイダーとなって、私を褒《ほ》めそやしたことだろう。ワシントンから戻って一週間ちょっとという、おおかた米国の職員が警告してくれたとおりのタイミングで、国際的な新聞社に非道《ひど》い中傷記事をばら撒《ま》かれることもなかっただろう。私は「責任ある人物」で、「信頼できるパートナー」で、「改宗した異端者」で、国の利益を自分の「ナルシシズム」よりも優先した人物として、賞賛されていただろう。

ホテルから雨のなかへと歩き出すときのサマーズの態度から判断して、彼は理解してくれたものと思う。「ヨーロピアンたち」が私との、あるいはギリシャ政府との良心的な交渉にまったく興味を持っていないことを彼は理解していた。私が最終的に、正真正銘《しょうしんしょうめい》のインサイダーになる代償として、降伏文書への署名を迫られるであろうことも知っていた。私がそれを拒否することも分かっていた。そして彼はそのことを、少なくとも私にとっては残念なことだと考えていた。

私としても、マトモな協定を確実に勝ち取ることができるよう、彼が力を貸そうとしてくれたことは理解している。また、私たちを助けるために、できるかぎりのことをする用意があったことも理解している。インサイダーはけっしてほかのインサイダーに刃向かわず、その言動について他言してはならないという、彼の黄金律を破らない限りは。だが、私が不健全な新規救済融資協定に署名することは絶対にありえないということを、彼に理解してもらえたかどうかについては、確信が持てない。それを説明するには相当の時間が必要だが、いくら時間をかけて説明しても、生まれ育ちがあまりに違うため、彼には全然理解してもらえなかったかもしれない。

仮に説明したとすれば、私は二つの物語を語っていたであろう。

一つ目の物語は一九四六年秋、アテネの警察署のなかで始まる。その頃、ギリシャは共産主義者の反乱の寸前で、破滅的な内戦の第二段階にあった。アテネ大学で化学を学んでいたヨルゴスという名の二一歳の学生は、秘密警察に逮捕され、拷問《ごうもん》を受け、数時間にわたり冷たい独房に放置された後、秘密警察の高官の部屋で形式的な謝罪を受けた。乱暴に扱って申し訳ない、というわけだ。君は善良な若者なのに、こんな待遇を受けるべきではない。しかし今は危険な時代なので部下たちもピリピリしているのだ。どうか勘弁《かんべん》してやってほしい。これに署名して帰ってくれ。すまない。

その高官は誠実な人物らしく、ヨルゴスはほっとして、先ほどの拷問のような苦しみも終わりだと思った。しかし、その男が署名しろと言っている、タイプされた宣誓文《せんせい》を読んだとき、背筋に冷たいものが走った。ここに私は共産主義を、それを流布《るふ》する者どもを、そしてそのシンパたちを、嘘偽《うそいつわ》りなく心の底から批難する、と書かれていたのだ。

恐れに震え、彼はペンを置き、あらん限りの低姿勢でこう訴えた。何年も何年も、母が私に言い聞かせてきたことがあるのです。お前は仏教徒ではないが、仏教を批難するような文書に署名してはいけない。お前はムスリムではないが、政府にはお前にイスラムを冒涜《ぼうとく》しろという権利はない。それと同じで、私は共産主義者ではありませんが、なぜ共産主義を批難しないといけないのか、私にはまったく分かりません。

内心の自由に関するヨルゴスの議論はまったく効果がなかった。高官は激怒し叫んだ。署名するのか、再び勾留《こうりゅう》されて徹底的に拷問を受けるか、選ぶのは君だ！　高官の怒りは完全に合理的な予想に基づいていた。ヨルゴスは善良な若者で、生まれついてのインサイダーの素養を持っていた。彼はエジプトのカイロで、大きなギリシャ人共同体に属する中流階級の家に生まれた。その共同体も、フランス系、イタリア系、英国系の居留者など、コスモポリタン的なヨーロッパ人集団の一部をなしていた。そして彼は、教養あるアルメニア人、ユダヤ人、アラブ人たちと一緒に育てられた。母親のせいで家ではフランス語を話し、学校ではギリシャ語を、仕事では英語を、街ではアラビア語を、オペラではイタリア語を使った。

二〇歳になると、自らのルーツとの繋がりを確かなものにしようと決心し、カイロ銀行での気楽な仕事を辞めて、化学を学ぶべくギリシャに渡った。客船コリンシア号に乗り、一九四五年一月にアテネに到着した。それは、東西冷戦の第一幕であるギリシャ内戦の、その第一段階が停戦となって、一か月後のことであった。つかの間の緊張緩和《デタント》の雰囲気が漂《ただよ》っていた。左右両陣営の学生活動家たちがヨルゴスに接触してきた。アテネ大学学生総会の会長選挙に、中間的な立場の候補者として担ぎ出そうとの目論《もくろ》みだったが、それはヨルゴスにとっても理にかなったことに思えた。

しかし、彼が当選して間もなく、学生たちが絶対的貧困に喘《あえ》いでいる最中《さなか》に、大学当局は授業料を値上げした。ヨルゴスは学部長を訪ね、授業料値上げに反対する理由を、できるかぎり丁寧《ていねい》に説明した。その後、学舎の大理石の階段を降りようとするとき、秘密警察が手荒く彼を拘束し、車に押し込んだ。そうして、サマーズのジレンマをしのぐほどの究極の選択を迫られることになったのだ。

秘密警察は、このヨルゴスという若者がブルジョアの育ちであることから、喜んで署名するか、すぐに拷問に屈するものと考えていた。しかしヨルゴスは、殴られれば殴られるほど、署名するわけにはいかず、苦痛は終わらず、家には帰れないように思われた。その結果、彼はさまざまな独房、さまざまな刑務所を転々とした。それは、紙切れに署名さえすれば簡単に出られるものだった。四年後、ヨルゴスは別人のような姿で、刑務所から陰鬱《いんうつ》な社会へと復帰した。その社会にとっては、彼の究極の選択のことなどまったく重要なことではなかった。

ヨルゴスが投獄されている間、彼より四歳年下の一人の女性がアテネ大学化学学部に、女性として初めて入学を認められた。大学側が、彼女を退けようとあらゆる手を尽くしたにもかかわらず、である。彼女の名をエレニという。彼女は反抗的なフェミニストの卵として大学生活を開始したが、左翼が大嫌いだった。もっと若かった頃、ドイツによる占領下で彼女は、ナチスの協力者と間違われて左翼パルチザンに拉致《らち》されたことがあったのだ。アテネ大学に入学すると、エックスという名のファシスト組織が、彼女の反共精神を見込んで接触してきた。彼女の最初の（そして結局のところ最後の）使命は、同じ学部の、刑務所から釈放されたばかりの男子学生を尾行することだった。

これはようするに、私がどうして生まれたのかという物語だ。ヨルゴスは私の父で、一九七〇年代のフェミニスト運動の主導者となったエレニは、私の母なのだ。この物語から分かるだろう。インサイダーとして処遇される代わりに点線の箇所に署名するなんてことは、私にはありえないことなのだ。ラリー・サマーズは話せば分かってくれただろうか？　私にはそうは思えない。

私のためじゃありません

もう一つは、こんな話だ。私とダナエが住んでいたアパートでランブロスという男性に会ったのは、二〇一五年一月の選挙で私が当選する、その一週間ほど前のことだった。それは冬の寒さが和らいだ日のことだった。その日は選挙運動の真っ最中で、スペイン人ジャーナリストのイレーネとインタビューの約束をしていた。彼女はカメラマンと、ギリシャ語とスペイン語の通訳者であるアテネ在住のランブロスを連れてアパートにやってきた。そのときは、イレーネと私は英語で話ができたので、ランブロスの通訳は不要だった。だが、彼はそこにいて、私たちのやりとりをじっと見聞きしていた。

インタビューの後、イレーネとカメラマンが道具を片づけて部屋を出ようとするとき、ランブロスが私の方に寄ってきた。彼は握手を求めた。言うべきことを言い終えるまでは絶対に帰らないという様子だった。彼は、自分のメッセージが伝わるかどうかに人生がかかっているかのように、魂を込めて言った。「本当は、私はホームレスなのです。たぶん見た目では分からなかったでしょう。だって、ばれないように気をつけていますからね」。そして、できるかぎり手短かに、彼の境遇《きょうぐう》を話してくれた。

もともとランブロスにはアパートがあり、外国語教師の仕事もあり、家族もあった。だが二〇一〇年にギリシャ経済が暗転して、彼は職を失い、アパートを追い出され、家族をも失った。ここ一年は路上生活をしていた。シンタグマ広場でのデモが過激化し、その報道価値が高まるにつれて、訪れる外国人記者が増えていた。記者たちに対する通訳の仕事が、彼の唯一の収入源だった。彼の最大の心配事は、外国人記者と連絡がつけられるように、安物の携帯電話を充電するための小銭を入手できるかどうかだった。

彼は話をまとめる必要を感じてか、私に対する唯一の要求を一気にまくしたてた。

「約束してほしいことがあるんです。あなたはきっと選挙に当選します。私は街で人々と話をしてきたから分かります、あなたが当選するのは間違いありません。お願いです、もし当選したら、もし議員になったら、彼らのことを忘れないでください。彼らのためになることをやってください。私のためじゃありません！　私はもう終わっています。経済危機にやられた私たちは、もう元には戻れません。私たちは手遅れです。でもお願いです、崖っぷちの境遇にある人たちを助けてください。指先でしがみついている人たちのためです。まだ転落していない、彼らのためです。彼らの転落を防いでください。彼らに背を向けないでください。これまでの政治家みたいに、奴らの文書に署名しないでください。絶対署名しないと誓ってください。誓いますか？」

「誓います」

その一言が私の答えだった。

一週間後、私はギリシャ財務大臣就任の宣誓を行った。それから数か月間、決意が揺らぎそうになるたびに、このときのことを思い出した。彼には知る由《よし》もないかもしれないが、一六二日間もの絶望的な日々のあいだ、ランブロスの言葉がどれほど強く、私の背中を押してくれたことか。

2. ベイルアウティスタン＝救済策の植民地

Bailoutistan

二〇一〇年初頭までには、つまり私が大臣になるおよそ五年前までには、ギリシャ政府はすでに破産状態だった。それから数か月後、欧州連合（ＥＵ）と国際通貨基金（ＩＭＦ）とギリシャ政府は、世界史上最大の破産隠蔽《いんぺい》工作を企《くわだ》てた。どうやって破産を隠蔽するのか？　とにかくカネをつぎ込むことだ。では、その隠蔽工作の資金を負担するのは誰か？　それは世界中の「アウトサイダーたち」、つまり一般の人々だ。

二〇一〇年五月初旬、この隠蔽策の文書に署名と封印がなされた。それは婉曲《えんきょく》的に救済協定と呼ばれている。無一文のギリシャ政府はＥＵとＩＭＦからおよそ一一〇〇億ユーロ〔約一四・三兆円〕を供与された。これは史上最大の融資だ[★1]。同時に、トロイカと呼ばれる取り立て屋の一団がアテネに派遣された。トロイカは、ＥＵの行政機関である欧州委員会（ＥＣ）、欧州中央銀行（ＥＣＢ）、それに国際通貨基金の三つの機関からなるため、そのように呼ばれている〔トロイカの原義は、ロシアの三頭立ての馬車や馬橇《ばそり》のことである〕。彼らが強制的に実施させようとする措置は、ギリシャの国民所得を確実に減らし、債務負担の大部分を間違いなく、ギリシャの最も弱い立場の人々に押しつけるものだった。これがうまくいくことなどありえない。八歳の小学生でも分かることだ。

破産した者に、収入を減らすことを条件に新規の借り入れを強要することは、普通は考えられない残酷な懲罰《ちょうばつ》である。ギリシャは救済などされていない。ＥＵとＩＭＦは「救済」融資を行い、取り立て屋であるトロイカにギリシャの国民所得の切り取りを強行させた。彼らは事実上、ディケンズの小説に出てくる債務者の刑務所（の現代版）にギリシャを収監《しゅうかん》し、その鍵を捨ててしまったも同然である。

債務者の刑務所はとっくに廃止された。なぜなら、それは残酷な割には新たな不良債権の蓄積を抑止することもできず、債権回収にも役立たなかったからだ。一九世紀に資本主義が発展するためには、すべての債務は神聖にして侵《おか》すべからずという馬鹿げた観念を捨て去り、有限責任の考え方を採用せねばならなかった。そもそも、すべての債権が保証されるのなら、注意深く融資を判断する者などいなくなってしまうではないか。それに、不良債権化するリスクの高い債権の金利が、ほかの債権の金利よりも高いということもなくなる。キリスト教の教義のなかに（不愉快だが不可欠なものとして）地獄が常に存在してきたように、これまで資本主義のなかには破産と債務免除が常に存在してきた。しかし奇妙なことに二一世紀に入って、ギリシャ政府の破綻《はたん》をめぐって、破産を否定する考え方が復活している。なぜだろうか？　EUやIMFは自分たちがやっていることを理解できなかったのか？

実は、彼らは自分たちが何をしているかを完全に理解している。彼らは、ギリシャを救うためだ、ギリシャに再出発のチャンスを与えるためだ、不健全な状態が続いていたギリシャ政府を改革するためだ、等々、入念なプロパガンダを流している。しかし世界最強の権力を有する国際機関は、いかなる幻想も抱いていない。彼らだって、破産状態の相手にもっとカネを貸すことによって債権を回収することよりも、石ころから血を絞《しぼ》り出すことのほうが簡単だということは百も承知だ。融資協定のせいで相手の国民所得が減少してゆくような場合にはなおさらだ。また彼らは、たとえ破産国家の銀製品を全部トロイカが没収できたとしても、ギリシャが公的債務を借り換えるために彼らが融資したカネを取り返すのは無理だと分かっている。彼らが「救済」とか「緊急援助」とかいう美名を付けた政策パッケージが、債務者の刑務所への片道切符にすぎないことも、彼らは承知だ。

なぜ私がそう断言できるのか？　彼らが私にそう言ったからだ。

自分の仕掛けた罠《わな》にはまる

私は五年後に財務大臣になって、そんな言葉を本人たちから直《じか》に聞かされることになった。IMFの最高責任者、ドイツの財務大臣、欧州中央銀行や欧州委員会の幹部たちは、みんな、それぞれの表現で、そのとおりだと認めたのだ。彼らはギリシャに、とても勝ち目がないような手札を配ったのだ。彼らはしかし、そうしてしまった以上、後戻りはできなかった。

私が大臣になってひと月にも満たない二〇一五年二月一一日のことだ。ブリュッセル〔ベルギーの首都〕にあるEUの建物の汚点となっている、窓のない、蛍光灯で照らされた、精神を麻痺《まひ》させるような会議室の一つで、私はIMFのクリスティーヌ・ラガルド専務理事の向かいに座ることになった。彼女はフランスの元財務大臣であり、かつてはワシントン在住の敏腕弁護士であった。彼女はこの日、私より早くこの建物に来ていた。彼女の魅力的なレザージャケットに比べると、私の身なりはダサくて冴えないものだった。これが彼女との初めての対面だ。部屋のなかで深刻な会議が始まるまでの間、私たちは廊下で友好的に話をした。

　会議室に入り、扉を閉めて、それぞれに側近を同席させて、深刻な内容に話を移した。雰囲気は引き続き友好的だった。私は彼女から、ギリシャ危機の原因と性質に関する自分の分析と、その対処法に関する私案を説明する機会を与えられた。私が説明している間、何度も彼女は頷《うなず》いてくれた。私たちは共通の言語を話し、互いに信頼関係を築こうと努めていたようだった。会議を終えて扉に向かって二人で歩いたとき、私たちは短くも重大な内緒《ないしょ》話をした。私の話を聞いてラガルドは、債務免除と減税がギリシャの経済回復に必要不可欠だということに賛成してくれたのだ。だが、彼女は小さな声で率直にこう付け加えた。バルファキスさん、あなたの言うことはもちろん理にかなっています。彼らが要求している財政目標はうまくいきません。でも分かってください。私たちはこのプログラムの策定に莫大《ばくだい》な資源を投じてきました。後戻りはできないのです。あなたへの信頼は、このプログラムを受け入れ、その枠内で働くことにかかっています。[★2]

wikimedia commons

クリスティーヌ・ラガルド
(Christine Lagarde)

　これではっきりした。ＩＭＦのトップが、破産国家の財務大臣に対して、その国が強いられている政策はうまくいかないと言ったのだ。うまくいかせるのは難しいと言ったのではない。うまくいく可能性が低いと言ったのでもない。彼女は、何をどうやってもうまくいかないことを認めたのだ。

　会議を一つ一つ重ねるにつれて、とりわけ、比較的知的で堂々としたトロイカの高官たちとの対話をくり返すにつれて、これは私たちと彼らの戦いだとか、善と悪の戦いだというような簡単な話ではない、という印象が強くなった。むしろ、優れた謀略《ぼうりゃく》家が自分の仕掛けた罠にはまってゆくという、アイスキュロスやシェイクスピアの悲劇を連想させるような、真のドラマが進行していた。私が目撃した現実のドラマにおいては、サマーズの言うインサイダーの聖なる掟《おきて》が、彼らが自分たちの無力さを認識した瞬間に、効力を発揮し始めたのだ。扉は固く閉じられ、誰も公《おおやけ》に事実を認めなくなった。彼らが引き起こした悲劇的な閉塞《へいそく》状態が、彼らの手を離れて最悪の結果を引き起こしてゆく。事態を制御する力を失った彼らは、自分たちが何としても避けたいと思っていた状況へと追いやられてゆく。

彼ら（ＩＭＦやＥＵ、独仏政府の首脳たち）は、このプログラムに莫大な政治的資本を投下してきた。だから、ギリシャの破産状態をさらに深刻化し、筆舌に尽くしがたい惨劇《さんげき》をもたらし、大量の若者を国外移住させたこのプログラムにも、代替案は存在しない。ギリシャの人々は永遠に苦難を耐え忍ぶほかないのだ。そして、ぽっと出の政治家である私に関して言えば、失敗するとインサイダーたちも認めているこの政策を私が受け容れること、そして、この政策を破棄するという公約を信じて私に投票してくれたアウトサイダーたちを相手にこの政策を売り込む手伝いをすること、この二つによって、私が信頼されるかどうかが決まってくるというわけだ。

うまく説明できないが、私はラガルドに一度ならず敵意を覚えた。彼女は知的で、誠実で、礼儀正しい。ギリシャへの苦痛を最小限にするような協定を、彼女が強く支持してくれていたら、私の人間観が揺さぶられることもなかっただろう。しかしそれは彼女にとって重要ではなかった。インサイダーの頂点にいる人間として、彼女の最優先課題はインサイダーたちの政治的資本を守ることであり、彼らの権威に対する挑戦を退《しりぞ》けることだったのだ。

しかし信頼を得ることにも、カネでモノを買うのと同じようにトレードオフがある。何かを買えば、ほかの何かを手に入れる可能性を失う、これがトレードオフだ。ラガルドをはじめとする権力者たちに受け容れられようとすれば、ランブロスの信頼を裏切ることになる。ランブロスとは、かのホームレスの通訳者だ。自分のためではなく、ギリシャを襲っている破産の奔流《ほんりゅう》に溺《おぼ》れかかっている人々のために誓えと私に迫った人物だ。だが、私個人にとっては、このトレードオフがジレンマになることはほとんどなかった。彼らの権力があまりに早く作用したため、辞任が避けられなくなったからだ。

一年ちょっとたった頃、英国は二〇一六年六月二三日に国民投票を実施する予定であった。私は英国中を回り、急進的なＥＵ残留派を支持する遊説《ゆうぜい》をしていた。現在のＥＵに反対し、その崩壊を防ぎ、改革をするために、英国はＥＵに残留すべきだという議論である。それは簡単な遊説ではなかった。英国のアウトサイダーたちに「残留」に投票するよう説得するのは、イングランドの北部では特に難しかった。ラガルドよりもランブロスに近い心境や立場の男女が私に対して、グローバルな権力者たちに一矢報《いっしむく》いずにはいられない気分だ、と言うのだ。その夕方、私はＢＢＣのニュースを聞いた。世界最強の金融機関や経済組織（世界銀行、ＯＥＣＤ〔経済協力開発機構〕、ＥＣＢ、イングランド銀行など）の代表たちが、英国のアウトサイダーたちに対して、ブレグジット（英国のＥＵ離脱）の誘惑に逆らえという警告を発していたのだが、それにＩＭＦのクリスティーヌ・ラガルドが加わったというのである。私はすぐに、その夜に講演をする予定だったリーズから、ダナエにｅメールを送った。「こんな援軍がいれば、離脱派は活動家なんていらなくなるんじゃないか？」

ブレグジットが勝利したのは、インサイダーが常軌《じょうき》を逸《いっ》していたからだ。彼らは過去何十年もの間、私のような人たちの信頼性を、投票してくれたアウトサイダーを裏切る覚悟があるかどうかで判断してきた。そして今も彼らは、彼らの忠告に耳を貸したような人間たちと、アウトサイダーたちとの見分けがつかないのだ。米国でも、英国でも、フランスでも、ドイツでも、世界中どこでも、インサイダーたちは自分たちの権威が失墜《しっつい》しつつあると感じている。自分の罠にはまり、サマーズのジレンマの奴隷となっている。彼らの王冠は彼らが今持っている権力の象徴ではなく、失った権力の象徴であると悟るまでは、彼らはマクベスよろしく誤りのうえに誤りを積み上げてゆく運命にある。私は、彼らと渡りあった数か月の間に、そうした悲劇が現実のものとなるのをこの目で見てきたのだ。

（ドイツとフランスの）銀行のことだよ、馬鹿野郎！

友人やジャーナリストたちは頻繁《ひんぱん》に、ギリシャに対する債権団との交渉のなかで何が最悪だったかを教えてくれと言う。確かに、権力者たちがプライベートで私に話したことを、建物の屋上から大声で叫ぶわけにいかなかったのは、とてももどかしいことだった。しかし最悪だったのは、債権者たちが本気でカネを取り戻そうとしていなかったことだ。道理を説いて彼らと交渉することは、自分自身も息子や娘も安全地帯にいて憂《うれ》いなく戦争を継続しようとする将軍たちを相手に、平和条約の交渉をするのと同じことだった。

その戦いの本質は何だったのか？　なぜギリシャに対する債権団は、債権を回収したくないかのように振る舞ったのか？　なぜ彼らは罠を仕掛け、それに自分ではまってしまったのか？　二〇〇八年以降のフランスやドイツの銀行の状況を振り返れば、謎はすぐに解ける。

ギリシャ経済がずっと弱かったことは、現地特有の低開発と不始末と腐敗で説明できる。しかしこの国の近年の破産状態は、欧州連合（ＥＵ）と通貨同盟（ユーロ）の根本的な設計ミスの結果だ。ＥＵはもともと大企業のカルテルであり、重工業関連の中部ヨーロッパの企業間の競争を制限し、彼らの商品の輸出市場を、イタリアなど（後にギリシャなど）の周辺国に確保するためのものだった。ギリシャなどの赤字〔貿易赤字と政府赤字の両方〕は、ドイツなどの黒字の裏返しだった。ギリシャの通貨《ドラクマ》に切り下げの可能性があるかぎりは、赤字にも歯止めがかかった〔独仏などの銀行が簡単に金を貸してくれないためだ〕。だがそれがユーロに代わると、ドイツやフランスの銀行からの融資によって、ギリシャの赤字は青天井になった。

ウォール街の崩壊にともなう二〇〇八年の信用危機によって、欧州の銀行も破綻し、二〇〇九年までにはいっさいの貸し出しを停止した。ギリシャ政府は国債の借り換えができなくなり、年内に破産状態に陥《おちい》った。突如、フランスの三大銀行は周辺国に対する不良債権によって、〔GDPでみて〕フランスの経済規模の少なくとも二倍の損失を出した。国際決済銀行（BIS）の数字を見れば、恐ろしい状況が明らかになる。彼らはエクスポージャー〔リスクのある貸付《かしつけ》や投資資産〕の金額三〇ユーロあたり、一ユーロ〔の自己資本〕しか確保できていなかったのだ。これが意味するのは、エクスポージャーのうちの三％も不良債権化すれば、つまり周辺国の政府・家計・企業への貸付のうち一〇六〇億ユーロ〔約一三・八兆円〕も回収できなくなれば、フランスの三大銀行が破綻し、フランス政府の救済策を受けなければならなくなるということだ。

そのフランス三大銀行がイタリア、スペイン、ポルトガルの三か国政府に貸し付けた金額だけでも、フランスの経済規模の三四％（正確には六二七〇億ユーロ〔約八一・五兆円〕）に相当する。ギリシャに対しても三行は過去数年間に一〇二〇億ユーロ〔約一三・三兆円〕を貸し付けていた。ギリシャ政府が返済できなくなれば、世界中の銀行家たちは動転し、滞納を恐れてポルトガル政府にも、そしておそらくイタリア政府やスペイン政府にも、カネを貸さなくなるだろう。合計一・七六兆ユーロ〔約二二八・八兆円〕にのぼる債務を低利で借り換えることができなくなれば、イタリア、スペイン、ポルトガルの政府はフランスの三大銀行への返済に窮《きゅう》し、彼らの帳簿にブラックホールを残すことになる。三％でも「資産」が目減りすれば破綻するというのに、フランスの主要銀行は一夜にして一九％もの資産を失うことになるからだ。

その差額を埋めるために、フランス政府はたった一晩でがっつり五六二〇億ユーロ〔約七三・一兆円〕を用意せねばならない。米国連邦政府ならばその損失を、連邦準備（Fed）と呼ばれる中央銀行に移すことができる。しかしフランスは二〇〇〇年に、共通通貨への参加に際して中央銀行を廃止しており、それ以降はヨーロッパみんなの中央銀行である欧州中央銀行（ECB）の慈悲にすがるしかなくなっていた。だが残念ながら、ECBの発足時に明確な禁止事項が定められていた。対政府か対民間かにかかわらず、南欧諸国の不良債権をＥＣＢの帳簿に付け替えることは許されない。それはドイツが、大切なドイツマルクを隣国のゴロツキたちと共有し、ユーロと改名するために突きつけた条件だったのだ。

　何もないところから五六二〇億ユーロ〔約七三・一兆円〕を創り出さなければならないことに気づいたときの、サルコジ大統領とクリスティーヌ・ラガルド財相（ともに当時）のパニックは想像にかたくない。ラガルドの前任者である悪名高きドミニク・ストロス＝カーンの恐怖の表情も目に浮かぶ。彼は当時のＩＭＦ専務理事であり、この立場を利用して二年後のフランス大統領選挙に打って出ようとしていたからだ。フランスの高官たちは知っていた。ギリシャの破産によってフランス政府が、バカな三大銀行にカネを渡すためだけに、年間の税収総額の六倍もの借金をせねばならなくなることを。

　だがそれは不可能なことだ。そんな事態が起こりそうだとマーケットが察知しただけで、フランス国債の金利は青天井に上昇し、一瞬で一・二九兆ユーロ分〔約一六七・七兆円〕の国債が不良債権化する。何もないところからカネを生み出す唯一の手段は、紙幣を印刷することだ。その権限を失った国家にとって、国債の暴落は極貧《ごくひん》への転落を意味する。それは欧州連合に、共通通貨に、そしてヨーロッパ全体に、破滅をもたらすことになるのだ。

　その頃ドイツでも、首相の苦境はそれに引けをとらなかった。二〇〇八年にウォール街とロンドンの金融街《シティ》の銀行が倒れたときにはまだ、アンゲラ・メルケルは倹約的で堅実な鉄の宰相のつもりでいた。彼女は英語圏の銀行家たちに説教じみた指先を向けた。彼女はシュトゥットガルトで、米国の銀行家たちは〔質素倹約で知られる〕シュバーヴェン地方の主婦に相談すべきでした、そしたらお金の扱い方について一つ二つの助言が得られたでしょうに、などと演説をぶって、新聞の見出しを飾っていた。その直後、財務大臣や中央銀行、自分の経済アドバイザーたちから、ぞっとするような電話が連続してかかってきたときの、彼女の恐怖を想像してほしい。彼らのメッセージはとうてい理解しがたいものだった。首相、ドイツの銀行も破綻しています！　ＡＴＭを動かし続けるには、シュバーヴェンの主婦たちのカネを四〇六〇億ユーロ〔約五二・八兆円〕も注入しなければなりません、明日までに！

　「政治の毒」とはまさにこのことだ。彼女は何年間も連邦議会の議員たちの前で、病院や学校、インフラ、社会保障、環境に関する支出をめぐっては、倹約の美徳を説き続けてきたのだ。ちょっと前まで現金の奔流《ほんりゅう》の上でサーフィンしていた銀行家のために、莫大な金額の小切手を切らせて下さいなどと、どういう面《つら》を下げて懇願《こんがん》すればよいというのか。必要は強《し》いられた謙譲《けんじょう》の母である。ブンデスタークと呼ばれる、ノーマン・フォスターが設計した壮大なベルリンの連邦議会議事堂へと、メルケル首相は深く息をして入っていった。呆《あ》っ気にとられた議員たちに最悪のニュースを伝え、小切手を受け取ってくるために。そしてうまくいった、と彼女は思ったに違いない。だが、うまくいってはいなかった。数か月後、同じように呼び出し音が連呼され、同じぐらいの金額が、同じ銀行のために要求されることになったからだ。

なぜドイチェバンクやフィナンツバンクなど、フランクフルトに拠点を置く無能な銀行が、追加のカネを必要としたのだろうか？　それは、二〇〇九年にメルケルから受け取った四〇六〇億ユーロ〔約五二・八兆円〕は、米国を拠点とする有害なデリバティブ取引をカバーするにすぎなかったからだ。そのカネだけでは、イタリアやアイルランド、ポルトガル、スペイン、ギリシャの政府に対する債権はとうていカバーできない。その総額は四七七〇億ユーロ〔約六二・〇兆円〕で、うち一〇二〇億ユーロ〔約一三・三兆円〕もの金額がアテネに対する貸し付けだった。もしギリシャが返済できなければ、ドイツの銀行はさらなる損失に直面し、改めてメルケル首相に三四〇〇億～四〇六〇億ユーロ〔約四四・二兆～五二・八兆円〕相当の小切手を要求せざるをえない。★3　しかし彼女は完璧な政治家である。再びそんな金額を求めて連邦議会に戻ることが、政治的な自殺行為となることは分かっている。

独仏の指導者たちは、ギリシャ政府が真実を語れば、つまり破産を告白すれば、一兆ユーロ〔約一三〇兆円〕規模のカネを失いかねない状況だった。彼らは、議会に内緒でもう一度銀行家たちを救済する方法を見いださなければならなかった。ジャン＝クロード・ユンケル（当時のルクセンブルク首相で、後の欧州委員会委員長）がかつて言ったように、「まずいことになったら、ウソをつくしかない」のだ。★4

数週間後にそのウソが思い浮かんだ。二度目の救済策に、怠惰《たいだ》で放蕩者《ほうとうもの》のギリシャ人に対する連帯感を示す行為というイメージを与えたのだ。ギリシャ人は困った人たちだが、ヨーロッパという家族の一員なので見捨てるわけにはいかない。この理屈で、ギリシャがフランスやドイツの債権者たち（つまり破綻した銀行）に返済すべき莫大なカネを、追い貸しする必要があることを正当化できる。だが、そこにはまず処理すべき技術的障害があった。ユーロ圏を根拠づける条約〔欧州連合の機能に関する条約〕では、加盟国政府の債務に対して、EUが資金援助《ファイナンス》することは禁止されていたのだ。どうすればこれを迂回《うかい》できるか。この難問はブリュッセルならではのイカサマによって解決した。それは、ヨーロッパの人々（特にイギリス人）にはこりごりの手口だった。

第一に、この企《くわだ》てにＩＭＦを参加させて、新規融資はヨーロッパではなく、国際社会によるものだということにする。だがそのためには、破産した政府に対しては絶対に債務再編《ヘアカット》なしでカネを貸してはならないという、ＩＭＦの最も神聖な規則を曲げないといけない〔ヘアカット（haircut）という用語は多義的なので、文脈によって債務免除や債権放棄、債務踏み倒し、などと訳し分けている〕。ところが当時のＩＭＦの専務理事は、内部の官僚たちを説得して規則違反を黙認させるにはうってつけの人物だった。ドミニク・ストロス＝カーンは、二年後にはフランスの大統領になる計画であり、自国銀行の救済が至上命題だったからだ。ＩＭＦが加わったことでヨーロッパの人々は、グローバルな金融システムを支えるという高尚な目的のために、ＥＵだけでなく国際社会がギリシャに対する融資を実施するのだという説明を聞かされることになった。ＥＵによるＥＵ加盟国のための（ましてやドイツやフランスの銀行のための）救済策だなどという考えを抱かないように！

第二に、融資資金の大部分はヨーロッパで調達するのだが、これはＥＵが出すのではなく、二国間ローンを束ねたものとするのだ。ようするにドイツがギリシャに貸す、アイルランドがギリシャに貸す、スロベニアがギリシャに貸す、云々《うんぬん》ということだ。その資金の規模については、貸し手国の相対的な経済力を反映させるという。これは奇妙にも、「能力に応じて出し、必要に応じて取る」というカール・マルクスの格言にかなっている。その結果、ギリシャ政府が受け取ってフランスやドイツの銀行に手渡すカネの一〇〇〇ユーロ〔約一三万円〕あたり、ドイツが二七〇ユーロ〔約三・五万円〕を、フランスが二〇〇ユーロ〔約二・六万円〕を、さらに小国、貧国が残りの五三〇ユーロ〔約六・九万円〕を保証することになった。[★5] ギリシャ救済策の（少なくともフランスやドイツにとっての）美徳は、フランスやドイツの銀行を救済するための負担を、ギリシャよりも貧しいポルトガルやスロバキアの納税者の肩に負わせることができたことである。彼らは、ブラジルやインドネシアなどのＩＭＦ拠出国の無防備な納税者と一緒に、パリやフランクフルトの銀行に対する送金を強いられたわけである。

ドイツ人やフランス人と同じように、スロバキア人もフィンランド人も、自分たちのカネでフランスやドイツの銀行の失敗のツケを払わされているという事実を知らずに、よその国の債務を肩代わりさせられていると信じていた。こうして仏独枢軸《すうじく》は、厄介者のギリシャ人に対する連帯という名を借りて、誇り高き諸国民の心に憎悪の種をまいたのである。

銀行負担軽減作戦から破産閥支配《バンクラプトクラシー》へ

救済資金がギリシャ財務省に流れ込むと、「銀行負担軽減《オペレーション・オフ》作戦《ロード》」が開始された。そのカネを即座にフランスやドイツの銀行へと吸い上げるための手続きのことである。二〇一一年一〇月までに、ドイツの銀行のギリシャ公債保有額は何と二七八億ユーロ〔約三・六兆円〕も減少し、九一四億ユーロ〔約一一・九兆円〕となった。五か月後の二〇一二年三月までに、その額はわずか七・九五億ユーロ〔約一〇三三・五億円〕まで縮小した。他方、フランスの銀行の負担軽減はもっと急速だった。二〇一一年九月までに六三六億ユーロ〔約八・三兆円〕のギリシャ公債を償却し、二〇一二年一二月には帳簿からそれを完全に一掃したのだ。こうして銀行負担軽減作戦は二年以内に完了した。これがギリシャ救済策の真実だ。

クリスティーヌ・ラガルドやニコラ・サルコジ、アンゲラ・メルケルは、破産したギリシャが利子を付けてこのカネを返せるだろうと考えるほど浅慮《あさはか》だったのか。そんなはずはない、彼らは私とまったく同じように考えていた。これは単に損失を、フランスやドイツの銀行の帳簿から、立場の弱いヨーロッパの納税者の肩に載せ替えただけなのだ。問題はここにあった。私が交渉したEUの債権団の面々にとって、資金回収の優先順位は低かった。そもそも自分たちのカネではなかったからだ。[★6]

平素、マーガレット・サッチャーは得意げにこう言っていた。社会主義者は財政を破綻させる運命にある、なぜなら彼らは遅かれ早かれ他人のカネを使い果たすからだと。[★7] しかしギリシャの破産を処理している、彼女の後継者と称する新自由主義の政治家や役人たちにこそ、この言葉がぴったりと当てはまる。これを「鉄の女」が知ったら、いったいどう思うだろうか。ギリシャに対する救済融資は、他人のカネを使って、フランスやドイツの銀行の損失を社会主義化することにほかならないのではないか。

拙著《せっちょ》『グローバル・ミノタウロス』(*The Global Minotaur*)は、ギリシャ経済が崩壊しつつあった二〇一〇年に書いたものだ。そのなかで私は、自由市場資本主義の賞味期限は、共産主義が自滅してから一七年後の二〇〇八年に切れたと論じた。二〇〇八年以前は、自由市場の信者たちは資本主義のことをダーウィン主義的なジャングルだと表現していた。英雄的な起業家たちのなかから成功者を自然選択する場だというわけだ。しかし二〇〇八年の金融崩壊以降はこの自然選択のプロセスがあべこべになった。特に欧州では、銀行家たちは破産の度合いがひどければひどいほど、他人のカネをより多く私物化できる可能性が高くなったのだ。他人とは、勤勉で、革新的で、貧困で、そしてもちろん政治的な力の弱い人たちのことだ。この高貴なる経済体制を、私は破産閥支配《バンクラプトクラシー》(Bankruptocracy)と名づけた。

多くのヨーロッパ人は、欧州よりは米国のバンクラプトクラシーの方が酷《ひど》いと信じる傾向にある。なぜなら、ウォール街には権力があり、銀行と米国政府の間には悪名高い「回転扉」があるためだ。しかしそれは大きな間違いだ。二〇〇八年以前の欧州の銀行経営はあまりに無茶苦茶だったので、それに比べればウォール街の馬鹿な銀行家たちもえらく立派に思えるほどだ。危機が襲ったときには、フランス、ドイツ、オランダ、英国の銀行のエクスポージャーは三〇兆ドル〔約三三三〇兆円〕を超えていた。それは米国の国民所得の二倍以上で、ドイツの国民所得の八倍、英国とドイツ、フランス、オランダの国民所得合計の三倍に相当する。★8 二〇一〇年のギリシャ破綻の際に、ドイツやフランス、オランダ、英国の政府が即座に銀行を救済しようとすれば、この四か国の子どもや女性、男性すべてを含めた人口の一人あたり、およそ一万ドル〔約一一一万円〕を負担せねばならないという計算になる。それに比べれば、ウォール街で同様の市場崩壊が起こって救済策が必要になったとしても、その負担は米国の住民一人あたり二五八ドル〔約二・九万円〕程度の負担に留《とど》まるのだ。ウォール街が米国の人々の憎悪を受けるべきだというなら、欧州の銀行はその三八・八倍の憎悪を受けるに値するだろう。

それだけではない。米国政府はウォール街の不良資産を連邦準備〔中央銀行〕の帳簿に移し、銀行が立ち直るまでそこに保管しておくか、将来の歴史家や考古学者がそれを再発見するまで、忘却の彼方《かなた》に追いやっておくことができる。簡単に言えば、米国人はこの一人あたり二五八ドル〔約二・九万円〕の負担のために税金を払わなくてもよいのだ。しかし欧州では、フランスやギリシャのような国々は二〇〇〇年に中央銀行を放棄してしまったので、銀行救済資金を工面するには人々から税金を徴収するしかない。なぜ欧州の支配者たちが米国や日本の支配者たちよりも緊縮策に一生懸命なのかという疑問を、あなたが一度でも抱いたことがあるならば、これがその答えだ。民間銀行の損失を、ＥＣＢが自分の帳簿に埋めることは許されない。それは、銀行救済資金を調達するために、社会保障給付のカットや増税をする以外の選択肢はないということだ。

ギリシャに対する非道な扱いは、陰謀によるものなのか？もしそうだとすれば、それは意図的な陰謀者のいない陰謀だ。少なくともその発端についてはそう言える。クリスティーヌ・ラガルドやその仲間たちは、わざとヨーロッパの破産を引き起こそうとしたわけではない。フランスの銀行が死に瀕《ひん》したとき、フランスの財務大臣として、ほかの欧州諸国の財務大臣やＩＭＦとともに、銀行を救済するためにできることは何でもするという以外に、彼女に選択肢があっただろうか。たとえそのために、ギリシャ救済融資の本当の目的について、一九の加盟国の国会で同時にウソを言わねばならないとしてもだ。しかしいったんこんなに巨大なウソをついてしまえば、彼らはすぐに、それを覆《おお》い隠す口実や言い逃れを積み重ね、欺瞞《ぎまん》をどんどん膨張させてゆくしかなくなる。白状することは政治的には自殺行為なのだ。そして気づいてみれば、バンクラプトクラシーはヨーロッパのアウトサイダーたちだけでなく、彼らインサイダーたちをも完全に包囲していた。

ラガルドが私に対して、間違ったギリシャ救済プログラムに「彼ら」が巨大な投資をしてしまったから、もう後戻りできないと打ち明けたときに、彼女が示唆していたのはそういうことだ。彼女はマクベス夫人の、もうちょっと上品な台詞《せりふ》を選択することもできただろう。「してしまった以上、もう取り返しはつかないのです」と。

「国家の裏切り者」──奇妙な批難の起源

「国家の裏切り者」としての私の経歴は二〇〇六年一二月に始まった。元首相のシンクタンクが主催した公開討論において、私は二〇〇七年のギリシャ国家予算に関するコメントを求められた。数字を見れば、それは下手《へた》な粉飾《ふんしょく》決算以外の何物でもないと言うほかなかった。

現在……私たちはデリバティブ市場や米国不動産市場におけるバブルの脅威に晒《さら》されています。……このバブルは確実に崩壊します。そうなれば、金利をどんなに下げても、ギリシャの投資を活性化させて不況を防ぐことはできませんし、この予算に書かれている数字はどれも裏付けがなくなります。……問題はそれが起こるかどうかではなく、それが起こったときに、どれほどの速さで次の世界大不況が引き起こされるかということなのです。

元首相をはじめ、横に座っていたパネリストたちは、うっとうしい馬鹿者を見るような目つきで私を見た。[★9] その後の二年間、私は何度もそんな目つきで見られることになった。リーマン・ブラザーズが倒れ、ウォール街が崩壊し、信用収縮が起こり、西側諸国を大不況が襲った後でさえ、ギリシャの支配層は自らを欺《あざむ》く至福《しふく》の泡のなかに生きていた。晩餐《ばんさん》会でも学術セミナーでも美術展覧会でも、ギリシャは「アングロ病」〔米英の経済問題〕とは無縁だと、何度も何度も彼らは喋《しゃべ》った。ギリシャの銀行は十分に保守的で、ギリシャの経済は嵐から完全に遮断《しゃだん》されていると確信していたのだ。私は、彼らが言っていることほど真実に反するものはないと指摘し、いわば耳障《みみざわ》りの悪い不協和音を立てていたのだが、事態は悪化の一途をたどった。

現実として、そもそも政府はけっして債務を返済しない。

政府は借り換えをして、返済をいつまでも遅らせて、利子だけを支払うものなのだ。それが続けられるかぎり、政府は破産しない。[★10] 理解を深めるためにこう考えてみよう。砂場のなかに山がある、これが一国の総所得だ。そしてその隣に掘られた穴が公債である。政府が借り入れを増やさなくても、債務に利子が付いて、その穴は毎日着実に深くなってゆく。しかし状況がよければ、経済成長にともなって、所得の山も着実に高くなる。債務の穴が深くなるよりも速く所得の山が高くなってゆくならば、山のてっぺんに追加される所得をシャベルでへつって隣《となり》の穴を埋めることができる。こうして穴の深さは安定し、政府の健全性は保たれる。政府が破産するのは、経済の成長が止まり、収縮を始めたときだ。国の所得の山は不況によって食い潰《つぶ》され、債務の穴が深くなるスピードを抑えることはできない。この時点で危険を察した金融屋たちは、政府の借り換えに応じ続ける対価として、彼らの貸付けに高い金利を要求し始める。だが、金利が上がれば掘削機が加速され、債務の穴がどんどん深くなってゆくのだ。

二〇〇八年の危機以前、国民所得の山との比率でみた債務の穴が、欧州連合のなかでいちばん深かったのがギリシャだ。それでも債務の穴が深まるよりも速く、所得の山が成長していたので、見かけ上は持続可能であった。[★11] そのすべてが二〇〇九年初頭に恐ろしく変化した。ウォール街の崩落によって、米国の有害な金融派生商品は価値を失い、それを金庫いっぱいにため込んでいたフランスやドイツの銀行の底が抜けたのである。ギリシャの二重の不幸は、これまで所得の成長を後押ししていたのが（しばしばギリシャ政府を経由した）国内企業の借入れであったのに加えて、彼らに資金を供給していたのが、ギリシャ政府にカネを貸し付けていたのと同じ独仏の銀行だったということである。[★12] 銀行がパニックを起こしてギリシャ政府と民間部門に対する貸付けを同時にストップさせれば、ゲームは終わりだ。ギリシャの所得の山は崩壊し、同時に国の債務の穴は奈落《ならく》となる。[★13] 私は聞く耳を持つ人たちに、このような話をしてきたのだった。

二〇〇九年秋、ギリシャに新政権が誕生した。彼らは国の所得の山を回復させるべく、公共支出を増やすことを公約していた。だが、「全ギリシャ社会主義運動」（ＰＡＳＯＫ）［ギリシャの中道左派・社会民主主義政党］の首相も財相も、まったく理解できていなかった。彼らが就任の宣誓をする以前から、この国は再起不能なほどの破産状態にあったということを。ギリシャはグローバルな信用収縮とは何の関係もなかったのだが、結果的にヨーロッパの銀行はこの国への貸し出しを停止した。この国は外国からの借金で回っていたが、事実上その借金は外国通貨建てだった。ユーロという通貨に関する政策に、ギリシャはまったく口を出せないから［ユーロは外国通貨も同然〕だ。さらに自国通貨を放棄していたのでその切り下げもできず、周辺国もやはり深刻な不況に喘《あえ》いでいた。したがってギリシャでは、債務の穴が国を呑《の》み込むのと同じペースで、所得の山も縮小してゆくことが避けられなくなった。

二〇一〇年一月、私はラジオのインタビューで、個人的にも親しかった首相に対して警告を発した。「破産を避けようとするのは無駄な努力です。何があっても、絶対にほかのEU諸国からカネを借りようとしてはいけません」。その頃のギリシャ政府は、まさにその絶対にやってはならないことをやるために超人的な努力をしていたのだ。数秒後には、政府が私を「国家の裏切り者」で、そういう予測が自己実現的なものだということが理解できない馬鹿者だと批難し始めた。何しろ、ギリシャ財政の健全性に関する市場の信認を維持することだけが、借り入れを続けるための道なのだ。だが、どんなに事態を沈静化しようとしても、私は破産が避けられないと確信していたので、自分の立場を貫いた。私がかつてパパンドレウ首相の演説原稿を書いていたという事実が、BBCなどの海外メディアの目にとまった。「ギリシャ首相の元アドバイザーが国の破産を宣言」といった見出しがメディアを沸かせ、ギリシャ支配層の最大の敵だという私の評判が固まった。

アプトン・シンクレア〔二〇世紀米国の左派の作家〕は言った。「あることを理解できないことによって報酬を得ている人物に、そのことを理解させるのは難しい」。この場合、ギリシャの支配層《エスタブリッシュメント》はギリシャの破産を理解できないことによって所得や財産を得ていたのだ。ギリシャの寡頭支配層《オリガルヒ》は、外国の銀行や政府との甘い関係を保つためなら、現世代や次の世代のすべての男性や女性、子どもたちが持続不能な借金を背負うことになっても、全然かまわない。ギリシャの九九%の人々や子孫の利益に合致した議論に、支配層が揺さぶられることはない。だが耳障りの悪い事実に対して彼らがより固く耳を閉ざせば閉ざすほど、人々に警告を発する私の責任も大きくなった。私は説《と》いた。ギリシャの破産を避けるためという名目で、支配層が自分たちの利益のために融資を受けようと動いているが、それはギリシャの破産をいっそう深刻なものにし、結果的に人々を債務者の刑務所に閉じ込めてしまうことになるだけだ、と。友人や同僚は、君の考え方は正しいかもしれないが、破産のことを口にするのは政治的に正しくないぞ、と注意してくれた。私は根っからの政治家ではないので、ジョン・ケネス・ガルブレイス教授の言葉を引いて答えた。「政治においては、正しい側に立って、敗北すべき時もあるのだ」。ただ、この言葉がどんなに予言的なものだったのかを、その頃の私はほとんど理解できていなかった。

破産を認めなければギリシャ国民は搾取《さくしゅ》工場に送られるも同然なので、それを避けるために、国民が破産の事実を受け入れるように、私は孤独な説得活動を続けた。二〇一〇年の二月に私は国営テレビで、まやかしの追い貸し（extend-and-pretend loans）の問題点は、椅子《いす》取りゲームと同じで、いつかは音楽が止まることだと指摘した。それはこの場合、増税や給付金のカットによって融資資金を負担させられるヨーロッパの弱者たちが「もうたくさんだ！」と叫ぶときのことだ。だがその頃までには、ギリシャはもっと貧しくなり、もっと多くの債務を負い、ヨーロッパ諸国の人々からもっと憎まれているだろう。救済策が実施されるひと月前の二〇一〇年四月、私は間髪《かんぱつ》入れずに三つの記事を発表した。まず、「私たちは破産しているのか？」との標題で四月九日に発表した最初の記事は、政府が破産しているという事実を認めずにまやかしの救済融資を受け入れれば、ギリシャでは「家計や企業が戦後史上最悪の破産劇」に見舞われるだろうと論じた。逆に、政府が破産の事実を告白して、すぐに債権者との交渉に入るならば、負担の大部分はその債務に責任のある債権者と分かち合うことができるのだ。債権者とは、二〇〇八年以前に略奪的な貸付けに耽《ふけ》っていた銀行のことだ。

支配層の反応は単純かつ的確だった。もし政府が債務再編を求めれば、ヨーロッパはユーロ圏からギリシャを追放するだろうというのだ。私の答えも単純かつ的確だった。もし彼らがそんなことをすれば、フランスやドイツの銀行システムは破壊され、ユーロ圏それ自体も崩壊するだろう。だから彼らは絶対にその手を打たないはずだ。たとえ彼らが本気でギリシャを追放するとしても、そもそも加盟国の経済を破壊するような通貨同盟に留まる意味などどこにあるのだろうか？

ようするに、ユーロ反対論者たちはこの経済危機がグレグジット（Grexit）〔ギリシャのユーロ圏離脱のこと〕を主張するチャンスだとみなしているが、私の立場はそれとは違う。EU機関の命令に従わないことが、ユーロ圏に持続可能な形で残留する唯一の方法だというのが、私の考えだ。

救済融資協定が署名されるまで一〇日を切ると、私は政府に対して二発の威嚇《いかく》射撃を放った。四月二六日には「ヨーロッパ最後のタンゴ」と題した記事で、ギリシャ政府の努力を、歴代のアルゼンチン政府の奮闘になぞらえた。彼らはペソとドルの一対一の為替レートを何としても守ろうとし、IMFから巨額のドル融資を受けた。しかし、それは富裕層や企業がアルゼンチンにある財産を現金化し、その収入をドルに換金し、ウォール街に送金するための時間を稼いだだけだった。結局、アルゼンチンの経済と通貨は崩壊し、ドル建ての債務が累積して不運なアルゼンチンの人々を圧迫することとなったのだ。二日後に私は全精力を込めて一本の記事を発表した。「破産の明るい面に着目しよう」というそのタイトルから、その主旨《しゅし》が理解できるだろう。

その五日後に救済融資協定への署名がなされた。首相はのどかな島を背景に選び、これはギリシャのセカンドチャンスだ、ヨーロッパの連帯の証《あかし》だ、経済回復の基盤だなどと、その協定を褒《ほ》め称《たた》える演説を行った。しかしこれは、首相にとっては破滅の始まりであり、ギリシャにとっては搾取工場への片道切符であった。

緊縮策の金メダリスト

二〇一五年九月、大臣としての日々を終えて初めて、私はBBCの「クエスチョン・タイム」というテレビ番組に出演した。ケンブリッジの聴衆を前にしての収録であった。司会者のデヴィッド・ディムブルビーは私を、ヨーロッパの反緊縮チャンピオンだと紹介した。彼の緊縮的な思想によって、聴衆のなかの攻撃的な人たちの矛先《ほこ》を私に向けようとする意図が見えみえだった。「経済なんて単純なものですよ。たとえば私のポケットには一〇ポンドしかありません。これでケンブリッジの街に出かけてビールを三杯も飲んだら、きっと借金しないといけなくなります。そんなことをくり返していたら、カネはすっかりなくなって、私は破産してしまいます。何も難しいことはありません」

人生における最大の謎は、少なくとも私の人生で最大の謎は、善良な人々がこんな酷《ひど》い理屈に簡単に騙《だま》されてしまうことだ。実際には、政府の財政を理解するうえで、個人のやりくりを例に出すのは間違いの元だ。私は答えた。「あなたの暮らしのなかで、支出と収入がまったく無関係なのは素晴らしいことです。あなたが支出を切り詰めても、収入が減るわけではありませんからね。でも、国全体がせっせと節約に励《はげ》めば、総所得は減少してしまうのです」

その理由はこうだ。いかなる収入も、誰かの支出によるものだから、国全体でみれば総所得は総支出と完全に一致する。だから、国内の個人や企業みんなが支出を切り詰めているときに、政府までもが倹約に走るようなことをしては絶対にいけない。そんなことをすれば、総支出が激減して、国民所得が同じく激減し、財務省に入る税収も激減する。これは緊縮派にとっては見事なオウンゴールだ。国民所得の減少が続けば、既存の政府債務も支払えなくなる。だから緊縮策は完全に誤った解決策なのだ。

その証拠を見せろというなら、ギリシャを見ればよい。二〇一〇年のギリシャ救済策の二本柱は、フランスやドイツの銀行にカネを注ぎ込むための巨額の融資と、過酷な緊縮策だ。ギリシャの緊縮策を他国の場合と比べてみよう。スペインは同じような悲劇に見舞われたもう一つのユーロ加盟国だ。ギリシャの「救済」に続く二年間に、スペインは政府支出を三・五％も削減するという緊縮策を強いられた。それに対してギリシャは何と、二〇一一年から二〇一二年までの二年間で、二〇一〇年と比べて政府支出を一五％も削減したのだ。その影響は？ スペインの国民所得が六・四％減少したのに対し、ギリシャの国民所得は一六％も落ち込んだ。その頃、英国では、新たに指名されたジョージ・オズボーン財相が、二〇二〇年までに財政収支を均衡させるという彼の夢を実現させるために、マイルドな緊縮策を主導していた。★14 オズボーンは、私が財務大臣になってから最初に面会した外国の財相のうちの一人だ。（少なくとも、その面会に際して冷戦や熱戦を期待していたマスコミにとっては）驚いたことに、私たちの間には合意が成立しない点はほとんどなかった。私は彼にこう言った。「私たちは緊縮策の長所に関して合意できないかもしれません。でもオズボーンさん、あなたは実際のところ、ほとんど緊縮策を実施していないでしょう？」★15

ジョージ・オズボーン
(George Osborne)

wikimedia commons

　彼は微笑みをもって同意した。同意しないはずはない。もし緊縮策オリンピックが開催されたら、ダントツで金メダルをとるのはギリシャだろうが、オズボーンの英国はメダルがとれるかどうかも分からない。彼はまた、イングランド銀行から支援が得られたことに感謝していたようである。ロンドンの金融街《シティ》が二〇〇八年の金融危機に襲われた瞬間から、数十億ポンドのカネを刷って銀行を再浮上させ、経済の「流動性」を維持させた功労者は、英国の中央銀行なのだ。オズボーンは、このイングランド銀行の資金供給と政府支出の切り詰めを組み合わせて、「拡張的収縮策（expansionary contraction）」と呼んでいた。

　「彼らはどんなときにも私を助けてくれました」と彼は言った。私と違って、真逆《まぎゃく》の政策を実施している欧州中央銀行に手足を縛《しば》られるような境遇ではないことに、明らかに安堵《あんど》しているようだった。

　私は愚痴《ぐち》をこぼした。「オズボーンさんが羨《うらや》ましい。あなたの場合と違って、こちらの中央銀行はいつもいつも私を背後から突いてくるのです。イギリスでも、あなたのいう「拡張的収縮策」ではなく、私と同じように「収縮的収縮策」を強いられていたらどうだったか、想像できますか？」

彼は微笑んで頷《うなず》いた。連帯の意志表示ではなかったかもしれないが、少なくとも同情は示してくれた。

保守党の財相と、急進左派連合を代表するギリシャ財相との会合がこんなにスムーズに運んだことは、マスコミが吹聴《ふいちょう》しているほど不思議なことではない。三年前のユーロ危機の真っ最中に、オーストラリアの公認会計士連盟が、メルボルンの年次総会の参加者を楽しませようと、ヨーロッパの左右両派の論客の討論会を開くことに決めた。そして彼らは、かつて英国のジョン・メージャー政権の財務大臣だったノーマン・ラモント卿と私を討論者として招いたのだ。彼らは火花が散るものと確信していただろう。だが残念なことに、彼らは「ユーロ圏の危機」という間違ったテーマを選んでいた。乱闘を期待していた大聴衆の前で、私たちは間もなく、ほとんどすべての点で意見を一致させたのである。

wikimedia commons

ノーマン・ラモント
(Norman Lamont)

議論はとても友好的だったので、討論会が終わると私はダナエを呼び、川辺のレストランで三人で昼食をとることにした。うららかな日差しを浴びて、ノーマンが私のために予約していてくれた素晴らしいオージーワインのおかげもあって、私たちの友情は花開いた。私たちはその後も連絡をとりあい、意見を交換しあった。それまで想像していたよりも、私たちには共通点が多いことが分かった。私が、一か月以内にギリシャの財務大臣の職に就くと言ってノーマンを驚かせたのは、二〇一四年一二月のことだった。その日から、在職中の慌ただしい日々を通じて、そしてそれを終えた後になっても、ノーマンは私にとって心の支えであり、信頼できる友人であり、私の変わらぬ支援者であった。実際、ジョージ・オズボーン財相に会うべく二〇一五年にダウニング街一一番地を訪れた時、前もって財相に電話して、私について親切な言葉を伝え、面会の地ならしをしてくれたのはノーマンだったのだ。

多くの人々にとって、とりわけ政権内でともに戦った左翼の同志たちにとって、ラモント卿と私との友情は奇妙なものと映ったようだが、実はもっと広い視野でみればパターンどおりだった。誇り高き左翼である私は、二〇一〇年から現在までの絶望的な時期に、ウォール街やロンドンの金融街《シティ》の銀行家、右派のドイツ人経済学者、米国の自由至上主義者《リバタリアン》など、多種多様な右派陣営の人々が私を応援してくれたことに、何度も驚かされた。奇妙な出来事の例を一つ挙げるなら、二〇一一年後半に私はニューヨークで一日三回、三種のまったく異なる聴衆に対して講演をしたことがある。ウォール街占拠運動、ニューヨーク連邦準備銀行、そしてヘッジ・ファンドの経営者や銀行家たちだ。私は三度、欧州経済危機についてまったく同じ話をしたのだが、互いに内戦状態にあるこれらの三陣営から、同じように親切な反応が得られたのだ。

　さまざまな問題に対する私の立場はおおかた左翼的なものだが、そのなかで一つだけ、生粋《きっすい》のリバタリアンや、ウォール街で再建をはかる銀行家、イギリス＝アイルランド系の右派たちも気に入ってくれた立場があった。それは、破産の問題を資金繰《ぐ》りの問題にすり替えるための持続不能なまやかしの追い貸しに、私が明確に反対の立場をとっていたことだ（そしてこのような立場こそが、ギリシャや欧州の支配層が蛇蝎《だかつ》のごとく嫌っているものだったのだ）。本物の自由市場派は納税者のカネを使った慈善事業にアレルギー反応を示す。だから彼らは、不況の時には公共投資を大幅に増やすべきだとか、税制による所得再分配はいつだって望ましいとかいう私の考えには断固反対だ。しかし納税者のカネを使った融資で破産を先延ばしにすることは、資源の恐るべき浪費であり、多くの人々を貧困に陥《おとし》れる道だという考えはまったく同じだ。何よりリバタリアンは債務とは何なのかを理解している。結局、ギリシャ「救済」プログラムに含まれる人間軽視の誤謬《ごびゅう》に対しては、私たちはまったく同じ目線だったのだ（しかるに、その四年後にクリスティーヌ・ラガルドは、そのプログラムを受け容れるよう私に助言してくれたわけだ）。

　支配層が策定したプログラムが、いったいどんな風にして、二〇一五年までにギリシャ経済を回復させるというのだろうか。その公式説明を「競争力回復作戦」と呼ぼう。基本的な考え方は、こうだ。通貨切り下げは国際競争力を回復するための一般的な方法だが、ギリシャはユーロを使っており、通貨切り下げによって外国からの投資を呼び込むことはできない。その代わり、劇的な緊縮策を用いれば、「対内切り下げ(internal devaluation)」として知られる効果によって、同じ結果が得られる。なぜか？　政府支出を大幅に削減すれば物価や賃金が下落する。するとギリシャのオリーブオイルや、ミコノス島のホテル宿泊料、ギリシャの船舶運賃などが、ドイツやフランス、中国の顧客にとって、ぐっとお手頃になる。こうしてギリシャの競争力が回復すれば、輸出業や観光業が回復し、この奇跡的な大転換によって投資家が押し寄せ、経済が安定化する。やがて経済成長が復活して所得も増えるというわけだ。おしまい。

不都合な事実を無視すれば、この話にも説得力があるかもしれない。だがリバタリアンたちは以下のような事実に気づいていない。政府も銀行も企業も家計もすべてが同時に破産しているような国に、まともな投資家は一人も来ない。物価や賃金や所得が低下すれば、破産の元凶《げんきょう》である債務負担は減少するどころか増加する。所得を削って新たな債務を増やしても、このプロセスが加速するだけだ。まさにこれが、二〇一〇年以降のギリシャで起こったことなのだ。

二〇一〇年には、一人のギリシャ人の所得一〇〇ドルに対して、外国銀行に対する政府の債務は一四六ドルだった〔債務対GDP比は一四六%〕。翌年、所得は九一ドルに縮小し、二〇一二年には七九ドルとなった。その間、欧州の納税者のカネで公式の融資が行われ、そのカネはフランスやドイツの銀行に流れたが、二〇一〇年には一四六ドルだった政府の借金は、二〇一一年には一五六ドルに膨らんだ〔二〇一一年の債務対GDP比は一七一%に上昇した〕。もし神様や天使たちが脱税をするギリシャ人たちの精神を支配して、超倹約家のキリスト教長老派ばかりのスコットランドのような国にギリシャを激変させたとしても、所得は低すぎ、債務は大きすぎて、破産を避けることはできない。投資家はそれを知っているので、ギリシャの投資プロジェクトには絶対に手を出そうとしないのだ。その結果として人道上の危機が引き起こされ、私のような人間が政治に関わらざるをえなくなったのだ。

政治の場において、左派は国際的に混迷を続けており、私にとって最も力になってくれたのは米国のリバタリアンや英国の自由市場派だった。興味深いことに、彼らが私を支持してくれたのは、市場は敗者を淘汰《とうた》すべきだというダーウィン主義的なイデオロギーのためだ。過剰な信用の危険性を理解している彼らの格言は、「杜撰《ずさん》な借り手の裏には、杜撰な貸し手が必ずいる」ということだ。したがって、不良債権の損失は、納税者ではなく、杜撰な貸し手に負担させるべきだという結論になる。杜撰な借り手ももちろん、ツケを払わなければならない。信頼を取り戻すまで、融資を受けることができなくなるのだ。

ブラックリストに載る

二〇一〇年から二〇一一年まで、私は毎日のようにテレビやラジオに出演していた。ギリシャ政府は現実を直視して、公的債務の再編が必要だという重たい事実を受け容れるべきだと訴えるためだ。私の意見は特に急進的でも左翼的でもなかった。銀行は毎日、傾いた企業の債務を再編しているが、それは慈善ではなく、啓蒙された利己心のためだ。しかし、ギリシャがEUとIMFの救済策を受け容れてしまった以上、今後私たちが相手にするのはもはや銀行ではない。ギリシャに対する銀行の債権を肩代わりするよう国会を説得するために、すでにウソをついてしまった各国の政治家たちを相手にせねばならないということが、大きな問題なのだ。債務再編《ヘアカット》をするためには、彼らは自国の国会に戻って罪の自白をせねばならない。だが彼らは反響を恐れ、絶対に自分から進んでそんなことはしない。その代わりに彼らは、ただただギリシャ政府に札束を渡してEUやIMFに対する返済を行ったふりをさせ、見た目を取り繕《つくろ》い続けた。二度目の救済策とは、そういうものなのだ。

wikimedia commons

アントニス・サマラス
(Antonis Samaras)

　私は彼らのパーティを台無しにしようと決めた。私の梯子《はしご》で登れるかぎり高い屋根に上り、さらなる借り入れは最悪の選択肢だと大声で叫ぶのだ。いろんな比喩《ひゆ》を使った。テレビでこう言ったこともある。「あなたの賃金が下がって住宅ローンの返済ができなくなったのに、今月分の返済をするためにクレジットカードで借金するようなものです。これは言語道《ごんごどう》断《だん》の犯罪です。ノーと言いましょう。家を差し押さえられるのは怖いことです。でも、債務の束縛が永遠に続くことのほうが、もっと恐ろしいことなのです」

　ある夕方、ギリシャの国営放送協会（ERT）の番組を終えてアパートに戻ると、すぐに電話が鳴った。受話器を取ると、聞き覚えのある声がした。アントニス・サマラスの声だ。彼は保守系の新民主党の指導者だ。新民主党は、当時は野党だったが後に政権をとり、二〇一五年一月の総選挙で私たちが倒すことになる党だ。

「バルファキスさん、私はあなたにお目にかかったことはありません。でも、さっきERTテレビであなたのお話をうかがって、お電話せずにはいられなくなりました。これまで長い間、これほどまでに造詣《ぞうけい》の深いお話をテレビで聞いて心を動かされたことはありませんでした。意見を述べてくださったことに感謝します」

　ギリシャ支配層のなかで、私に接触してきた人物は彼だけではなかった。私の取り組みの結果、PASOKの大臣、野党の保守的な国会議員、労働組合の代表など、私の話に一理あると感じた人たちとは秘密の話し合いを持つことができた。私の基本的な分析を聞いて、それに異を唱えた人は誰もいなかった。大臣たちの言い草はまるで、船が確実に座礁《ざしょう》しそうなのに、絶対にそれを認めようとしない船長が怖くて、何も言えない下っ端《ぱ》の船員たちのようだった。新民主党員は、少なくとも二〇一一年一一月までは、比較的幸せな人たちだった。アントニス・サマラス党首が反緊縮・反救済の立場だったので、より自由に私の考えを支持することができたからだ。

　数日後、再びERTのスタジオで、私はメインのニュース番組に出演する支度をしていた。かつて、この放送局の最高経営責任者（CEO）が私のところに来て、魅力的な提案をしてくれたことがあった。ほぼ毎日、メイン・ニュースの直後に短時間の番組を流します、現在の経済情勢について先生のコメントを伝えたいのですがどうでしょうか、というのだ。「政府は嫌がるでしょうが、先生の視点は重要で、放送する価値があるのです」と、彼は覚悟を伝えてくれた。過分な提案だったが、政府が私の意見に強く反発しているのを知りながら、国営放送のトップが意見の多様性を守ろうとしていることを嬉しく思い、考えてみましょうと私は言った。

　その夜は、オンエアの一〇分前に、そのCEOが私を事務室に呼んだ。彼の向かいに座っていたのは放送局のメイン・アンカーで、PASOKの指導層とも付き合いの深かった女性ジャーナリストだ。彼女は色の薄い金髪と、青い瞳と、魅惑的な声と、男性を惹きつける魅力で有名だった。CEOはレギュラー番組の提案について改めてお願いしますと言い、彼女もそれに熱意を持って賛同した。スタジオに向かう直前、彼女は私をじっと見すえて注意した。「あなたの判断にお任せしますが、今夜は債務再編の話はしないでいただけませんか。オンエアを続けることが難しくなるのです。その言葉を聞くと、政府はすごく怒るのです」

　私は微笑んでセットに向かった。彼女は席に着き、ヘッドラインを読み終えると、私のほうを向いていつもどおりの慣れた素振《そぶ》りで問うた。「さて、バルファキス先生、プログラムは成功に向かっていると政府は言っていますが、先生のご意見を聞かせていただけますか？」

　間髪《かんぱつ》入れずに私は答えた。「債務再編がなければ、今回のプログラムに限らず、いかなるプログラムも成功はありえません」。彼女の厚い化粧の下に微小な電流が走るのを、私は検知した。

　番組が終わると、私は駐車場に直行してバイクに乗って帰宅した。ERTの番組には二度と呼ばれることはないだろう。実際、（自由主義者ならば職名を聞くだけで胸騒ぎを覚えるに違いない）宣伝大臣の命令で、私はブラックリストに載せられた[★16]。それから四年後、今度はヨーロッパの権力者たちのなかから、債務再編を主張したというまったく同じ罪状で、ギリシャ財務省とユーログループから私をつまみ出せという声が上がった。ヨーロッパの支配層には一貫性がないなんて、いったい誰が言ったのだ？

この二〇一一年のERTでのひと幕で、私は初めて、役立たずの官僚主義というものを目《ま》の当たりにした。それは、ユーロ圏の危機に対するEUの対応を象徴するものでもあった。危機に対する彼らの態度は、基本的にはお説教とお仕置きだ。前述のとおり緊縮策は、不況時には必ず失敗することが約束された恐怖の経済政策である。いや、緊縮策は実際には経済政策ですらない。経済危機の最中に発生した、持たざる者たちから持てる者たちへの冷酷な富の移転を正当化するためにでっち上げられた勧善懲悪《かんぜんちょうあく》の芝居、それが緊縮策なのだ。その芝居のなかでは、悪事の報いを受けるべき罪人とは、債務者たちのことだ。トロイカは、ギリシャ人やスペイン人のみならず、ヨーロッパ中の人々がその権威に屈するだけでは飽き足らず、貧困に喘《あえ》ぐドイツ人たちを含むヨーロッパ中の弱者たちに、経済危機を引き起こした罪と責任をなすりつけたのだ。

ドイツのヴォルフガング・ショイブレ財相は、政府支出削減への支持を裏づける世論調査を引用しながら、私のような反緊縮の立場はヨーロッパでは少数派だと言ったことがある。私は即座に答えた。たとえそうだとしても、多数派が自分たちの病気の原因を誤解している可能性があります。ショイブレさん、思い起こして下さい。一四世紀の黒死病《ペスト》の時代に、ほとんどのヨーロッパ人は罪深い生活が疫病の原因だと信じていましたよね。それで瀉血《しゃけつ》治療や、自分の体を鞭《むち》打つ苦行《くぎょう》によって悪魔払いができると考えていました。瀉血治療や鞭打ちの効果が現れないと、それは人々が十分に悔い改めていない証拠だ、十分な血が流れていないせいだ、十分な熱意で自分の体を鞭打たないためだ、と言われました。現在もそれと同じです。緊縮策が完膚《かんぷ》なきまでに失敗しても、それはやり方が中途半端だった証拠だと言われているのです。

ショイブレがこの話に興味を持ったかどうかは分からない。だがこれは重要な点だ。倫理の皮を剥《は》ぎ取れば、緊縮策の本当の姿が現れる。それは倫理にもとる道徳観に基づく誤った経済政策なのだ。支配層が私を憎んだ理由とは何か。それは、この問題に冷徹な論理を適用して、左と右の壁を越えて両方の陣営に強く響くような議論をして、ギリシャの債務をめぐる議論を脱道徳化するのに、ある程度成功したためだ。

彼らが私をブラックリストに載せ、ERTのみならず、できることなら大陸中の公論の場から排除しようとしたのは、そのためだったのだ。

希望の広場

債務再編を勧めるキャンペーンを続けたという理由で、ギリシャの国営放送が私をブラックリストに載せた頃、ＩＭＦはあることに着手しようとしていた。債務再編だ。ドイツ政府は債務再編を断固拒否していたが、ＩＭＦには、ヨーロピアンたちのせいでこれほどの混乱に巻き込まれたことに当惑し、声を上げ始める人たちがいたのだ。当時のギリシャ財相はドイツ政府に従う意志を固めていたのだが、ＩＭＦを宥《なだ》めるために、しぶしぶワシントン在住の債務再編のプロに話を聞きに行っていた。[★17] 他方、独仏政府は新たな救済融資と、若干の債権放棄《ヘアカット》と、新政権が必要だと結論づけた。

彼らの考えは単純だった。一度目の救済ローンはほとんど、フランスとドイツの銀行を建て直すのに使い切ってしまった。だがギリシャ政府は健全性を装《よそお》うために、近いうち、さらに巨額のカネを必要とするだろう。とはいえ、住宅ローンを支払うためにクレジットカードを使っても債務が増えるだけだということは、誰もが知っている。すでに腸《はらわた》を煮えくり返らせていたヨーロッパ中の国会議員たちは、二〇一二年［ママ］の、二度目の救済策でギリシャ政府に追い貸しするカネの総額を聞けばいっせいに卒倒《そっとう》していたことだろう。だから、ある程度の債権放棄は必要だ。サルコジ大統領とメルケル首相はギリシャ政府の債務を減らすべきだという考えに譲歩した。ただし、自分たちに悪い影響を及ぼさない債権者だけに損をかぶせるというのが条件だ。二〇一一年の夏に決断が下された。債権を放棄するのは主に、ギリシャの年金基金、ギリシャの準公共機関、それにギリシャ国債を買っていたギリシャの預金者たちだ。[★18] もちろん二〇一〇年にＩＭＦやＥＵ機関が融資したときの債権は、神聖にして侵すべからずだ。

これによって、最初の救済策を議会で可決させてくれたパパンドレウ政権が退陣することは、妥当《だとう》な代償とみなされた。何しろ、パパンドレウ首相や、当時の財務大臣や、ギリシャの支配層は皆、これでギリシャの富が守られる、債務再編は望ましくもなく必要でもない、違うことを言う人間は晒《さら》し者にされるか、（古代ギリシャのオストラシズムよろしく）追放されることになる、などという主張をくり返して、どうにかこうにか一度目の救済策を議会に承認させたのだ。屈辱を受けて憔悴《しょうすい》しきっている同じ議会に対して、わずか二年も経たないうちに、債務再編に納得してくれ、一度目よりももっと巨額の融資を受け入れてくれと迫ることなど、どんな政権なら可能だというのか。彼らはすでに終わっていた。

パパンドレウ政権が無能だということは、国会のなかだけでなく、そのすぐ外にあるシンタグマ広場でも明らかだった。このシンタグマとは「憲法」という意味だ。だから、この広場の名は一八四三年に起きたバイエルン出身のオットー王に対する反乱を思い起こさせる。この反乱のなかで、人々は成文化された憲法を外国の支配者に受諾《じゅだく》させたのだ。この広場はかつてオットー王の宮殿だった国会議事堂の建物と、一九七〇年代に建てられた財務省の醜《みにく》い建物にはさまれている。広場のある場所からは「パルテノン神殿のある」アクロポリスを望むことができる。それは過ぎ去った栄光だけでなく、デモス（人々）が重要だという思想をも、思い出させてくれるものだ。オットー王をひざまずかせた一八四三年以来、アテネで行われるデモや集会のほとんどは、この広場から始まるか、ここを通るか、ここが終点となる。実は、一九七〇年代初頭に私が初めて、同世代の何百万人ものギリシャの人たちとともにデモに参加したのがこの場所なのだ。私はここで初めて催涙《さいるい》ガスの香りを味わい、政治というものを経験したのだ。

この国が猛烈な不況に陥っていた二〇一一年の春、シンタグマ広場で自発的な占拠運動が始まった。ひょっとするとこれは、スペインのいわゆる怒れる人々《インディグナドス》が緊縮策に反対し、尊厳の回復を訴えるために起こした同じような占拠運動を真似たものかもしれない。初めは千人から二千人ぐらいの人たちが夕暮れに集まっていた。だが人々は毎夜毎晩ここに戻り、前の夜よりも数千人ずつ数を増やした。それは三か月も続いた。ピーク時には約一〇万人がこの広場に集《つど》った。ときには、（フードをかぶったアナキストや機動隊ではなく）ファシストが引き起こした低レベルな喧嘩《けんか》のせいで中断されることもあった。しかし、この集会が独特だったのは、完璧に整理された討論が行われていたことだ。誰も三分以上喋《しゃべ》ってはならず、演説者はくじ引きで選ばれ、数時間ごとに議論のテーマが変わった（私は、こんなに秩序だった討論を自分の大学で再現できたらどんなに素晴らしいことだろうと思った）。拘束力のある決定ができないので、これは機能する民主主義とは言えないかもしれないが、少なくとも可能性の胎動《たいどう》をはらんだ巨大なアゴラであることは間違いなかった。すぐ隣にある、国家の屈辱と大不況を引き起こした場所である国会議事堂とは大違いだった。

ダナエと私はアパートから十分歩いてこの場所に来て、希望の空気を胸に吸い込んだ。参加者のために演説を求められたことも二度あった。即席の演壇《えんだん》に上がる直前、私はふと、私が以前、同じように演説したときのことを思い出した。それは英国のノッティンガムシャーのどこかで、一九八四年の炭鉱ストライキのピケラインでのことだった。少なくともここシンタグマ広場は、天候が暖かく、参加者が遥《はる》かに多かった。英国の警官は私を「おせっかいな外人」と呼んだが、ここでは違った。だが、高揚《こうよう》感はまったく同じだった。私が明らかに嬉しそうな顔で演壇を降りたとき、ダナエが耳元でこう聞いた。「まさか、国会議員に立候補しようなんて思ってないわよね？」。私は、そんなつもりはないと答えた。私がどう思おうが、私にできる最大の貢献は、複数の政党の政治家たちとの間に築いてきたコミュニケーションの回線を維持して、党の垣根を越えて仕事をすることなのだ、と説明した。だが心の奥底では、いつまでそんなことが可能なのかという疑問が浮かんでいた。不和の霧が、その濃さを増していたからだ。

二〇一一年六月、ギリシャの弱体化した政権は、トロイカの命令に従い、労働組合の権利を事実上停止させる項目を含む毒性の強い法案を、次から次へと国会で可決させていた。これらは事実上、二度目の救済策によってパパンドレウの足場が完全に崩れ去る直前に、彼に与えられた最後の屈辱《くつじょく》であり、引退のためのセレモニーでもあった。シンタグマ広場の群衆は危険を察知してその数と勢いを増し、毎日二四時間この広場を占拠するに至った。不吉な断裂が口を開いていた。上側の広場では、国粋主義者やファシストの勢力が醜い存在感を示し、すべての政治家や、議会制民主主義そのものに対する憎悪のスローガンを叫んでいだ。台頭しつつあった［ナチス系政党の］「黄金の夜明け」が、ついに姿を現したのだ。だが下側の広場には、遥かに多くの革新派の人々が集っていた。彼らは多様な意見を尊重する整然とした討論の伝統を受け継ぎ、支配層だけでなく、上側の広場にいる粗暴な反エリート扇動家たちにも対抗しようと奮闘していた。

国会議員たち、特に与党ＰＡＳＯＫの議員たちは、私と密室でコーヒーを飲みながら、あるいは電話で、自分たちももう我慢できないと漏らしていた。屈辱を受け、怒り、叫んでいる群衆の横を通り、自らも嫌悪している法案に賛成するために議事堂に入るのは大変な苦痛だったのだ。トロイカの命令に従って自分たちが作った法案を、否決させてやりたい気分だと話す議員は何人もいたが、一部の例外を除けば、彼らは政府の檻《おり》に叩き戻されるだけだった。このＰＡＳＯＫは過去三〇年間にわたりおよそ四〇％の得票率を維持してきたが、たった一年で支持率はわずか五％まで暴落した。

六月下旬のある日、五千人の警察官がシンタグマ広場の占拠を終わらせるべく、隊列の整った作戦によってこれを包囲した。風通しの悪い市街地で、見たこともないような大量の催涙《さいるい》ガスをまき、スタンガンや発煙弾、放水車、そして昔ながらの暴力によって、警官たちは広場とその周辺を瞬《また》く間に荒れ地に変えた。筋金入りの戦争特派員である私の知人でさえ、アテネのような街で、これほどの国家暴力を目撃するとは夢にも思わなかったと言っていた。壁面や路上は煙で真っ黒になり、街全体が数週間にわたって化学物質の嫌な臭いを放った。この日、政府の正当性の最後の名残《なご》りさえも、完全に消滅した。

ベイルアウティスタン2・0

　パパンドレウ首相がどんな手を使って失脚させられたのか、それはここで述べるにはあまりに残酷なものだ。ここでは、優れた演劇がみなそうであるように、トロイカが政治的陰謀を仕掛け、ぐらついた玉座を取り囲む廷臣《ていしん》たちを手先にして彼を引きずり下ろしたのだ、とだけ言えば十分だろう。しかもトロイカは、ヨルゴス・パパンドレウ首相を切り捨てる直前に、究極の屈辱を彼に味わわせることにした（自分たちに忠実に仕えて来た人間に対して、トロイカがどれだけ冷淡で残酷なのかがよく分かる逸話だ）。二〇一一年一〇月、パパンドレウは最後にもう一度ブリュッセルに参上し、二度目の救済策と債務再編に関する草案に署名するよう命じられた。それはほかでもない、彼自身がこれまでずっとトロイカの代理人として、「望ましくもなく、必要でもない」と主張し続けてきたものであった。

wikimedia commons

ヨルゴス・パパンドレウ
(George Papandreou)

　二度目の救済策を処理できるだけの新政権をギリシャ国会で成立させることは容易な仕事ではなかった。パパンドレウの失脚と与党ＰＡＳＯＫの議員たちの疲弊《ひへい》によって、次の選挙が必要になってきた。しかし投票結果は予測できない。しかも選挙には少なくとも一か月が必要だが、ＥＵやＩＭＦ、それにギリシャのエリートたちはそんなに待てない。そこで、まずは暫定の連立政権を作って二度目の救済策を承認させてから、二〇一二年春に選挙だということになった。大連立政権を作るには、野党のアントニス・サマラス党首を救済策の論理で洗脳しなければならない。彼が救済策に反対だったからだ。

　サマラスとは、私がＥＲＴに出演した直後に電話をくれて、ベイルアウティスタンに対する激しい批難に強く共感したと伝えてくれた、あの人物のことだ。だが、その「共感」を打ち砕くには、たった一回の会合（二〇一一年六月二三日のベルリンでのメルケル首相との会合）だけで十分だった。いずれはマキシモス（ギリシャの首相官邸）に移れるという誘惑には逆らえなかったのだろう。ただ彼は、ベイルアウティスタンに反対する信念と首相の椅子とを取引するような最低な指導者にはなりたくなかった。そこでこんな計画をした。パパンドレウが辞任した後、「専門官僚《テクノクラート》」の首相を真ん中に据《す》えて、中道左派（PASOK）と中道右派（新民主党）が政府の大臣を出し合い、国会内で票を固めるようにする。トロイカによる二度目の救済策の受け入れが可決されれば、この政権は次の選挙を宣言する。一度目の救済策を受け入れたことによる道徳的および政治的なコストによってPASOKは崩壊しているため、サマラスの新民主党の勝利は確実だ。救済策に反対する考えを捨て、二度目の救済策に賛成し、暫定政権を右から支えつつ、半年か八か月ほど待ってさえいれば、アントニス・サマラスに首相の順番が回ってくるというわけだ。そして実際そのとおりになるのだが、それは後の話だ。[★19]

さて、連立政権の皮肉をことさら強調するかのように、首相の座に就けられたのは、ほかならぬ欧州中央銀行の副総裁の職を終えた紳士だった。ルカス・パパデモスは、私と同じアテネ大学経済学部の教授だったが、マキシモスに移るに際して、これまでの自らの不都合な発言を記憶から消去せねばならなかった。彼も就任宣誓の三日前まで、ギリシャの債務再編は「望ましくもなく、必要でもない」と、トロイカのセリフをオウムのようにくり返していたのだ。だが、マキシモスの入口に立つと、最初の演説を聞き逃すまいと取り囲んだ報道陣を前に、彼はまっすぐ前を見据えてこう宣言した。首相としての私の最大の使命は、ギリシャの債務再編を見届けることです、と。

それはギリシャの歴史のなかでも最も面白い瞬間の一つだった。勇気を出して債務再編の必要性を訴えた私たちを、裏切り者の馬鹿者たちだと罵《ののし》っていた人間たちが、今度はトロイカに命じられて債務再編を実施する立場になろうとは。この債務再編の目的が本当にギリシャを再び健全化することだったなら、これは実に喜ばしい挿話《そうわ》であったろう。しかしけっしてそんな目的ではなかった。

あなたが債権者に対して債務不履行《デフォルト》を宣言すること、つまり正式に破産を宣言することは、恐ろしいことだ。しかし、それにはメリットもある。あなたには、債務を圧縮し、再び懸命《けんめい》に働いて自分の力で立ち直り、再びカネを貸してくれるかもしれない人々の信頼を回復できるチャンスが与えられるからだ。たとえば、ゼネラル・モーターズ社が二〇〇九年以降に再生できたのは破綻《はたん》処理のおかげだし、そもそもドイツが一九五〇年代に再び繁栄の地として復活できたのも、大幅な債務帳消しのおかげだった。だがギリシャは違う。この国は新たな歴史を作る運命にあった。二〇一二年、新政権は二度目の救済策という名目で、史上最大の債務不履行を行うとともに、史上最大の借り入れによって債務者の刑務所に留まることを宣言した。

　一〇〇〇億ユーロ〔約一三兆円〕の債務不履行は世界記録ものだが、これによって、影響力の弱いギリシャの年金加入者や専門家団体、小口の国債保有者たちが債権放棄《ヘアカット》を求められた。彼らは、政府に預けたり貸したりしていたカネに別れのキスをするよう強いられたのだ。他方、一三〇〇億ユーロ〔約一六・九兆円〕のまやかしの追い貸しも世界記録だが、ギリシャ政府に注《つ》ぎ込まれたこのカネは、ほとんど政府には残らないものだ。実際には、まず大きな部分がギリシャの銀行に（ギリシャ国債の債権放棄で失った損失を補填《ほてん》するために）与えられ、次に相当の部分が外国の民間債権者に（債権放棄を受け容れる「インセンティブ」として）贈られ、さらにかなりの部分が、一度目の救済協定によって生じた、ＥＵやＩＭＦからの融資を返済するのに充《あ》てられた[★20]。

　ベイルアウティスタン2・0が前のバージョンよりもさらに悪辣《あくらつ》な体制となったのは、議会を蔑《ないがし》ろにして民主的統治を損なう新たな三つの機能のためだ。銀行家救済メカニズム、徴税や関税を管理する機関についての新たなガバナンス方式、そして（債権者の利益のために）ギリシャの財産を叩き売りする部局、この三つがそれだ。最後の一つは、ギリシャ救済プログラム流の民営化と言い換えることができる。これらを少し紹介するだけでも、ベイルアウティスタン2・0の初心者向けガイドとして役に立つだろう。

　このなかで最も下劣なのはおそらく、銀行家救済メカニズムであろう。ふつう、民間企業に資金が注入された場合、資金を提供した機関がその金額に相当する株式を受け取り、経営に対する応分の発言権を獲得する。二度目の救済策では、四一〇〜五〇〇億ユーロ〔約五・三〜六・五兆円〕は銀行に注入されるものと規定されている（ただし、これは新規の政府債務であり、この金額は納税者の負担となる）。しかし、そのカネの代償として、破綻した銀行が公的管理に服することが保証されるどころか、この常識を完全に迂回するための巧妙なからくりが仕掛けられた。ギリシャ政府が所有する、ギリシャ金融安定基金（ＨＦＳＦ）という名の新たな基金が立ち上げられたのだ。そこに、二度目の救済融資総額一三〇〇億ユーロ〔約一六・九兆円〕のうち五〇〇億ユーロ〔約六・五兆円〕を流し込み、その金をすぐに銀行に手渡すように、はっきりと規定された。法的には、銀行はＨＦＳＦに対して対価として株式のおよそ八〇％を譲渡せねばならない。しかし、ＨＦＳＦには、国会が銀行経営に口を出せないように、二つの仕掛けが作られた。第一に、ＨＦＳＦが保有する株式には議決権がないということを、議会はその裁決によって承認した。第二に、ＨＦＳＦの理事会は（ＣＥＯも理事長も）トロイカとギリシャ国民が指名した外国人の理事によって構成されるが、指名にはトロイカの承認が必要とされた。さらに、トロイカの同意なしには、理事は政府や議会によって解任されることはないとされた。国民に債務を負わせて生きながらえている銀行の問題について、国会が最後にとった意味のある行動は、HFSF法案を可決することによって、銀行を監視すること自体をあきらめるということだったのだ。

　ギリシャ政府の歳入関税庁（国税庁）についても、国会は再び最悪の条件を呑んでしまった。この役所の責任者の人事もトロイカの承認が必要とされ、トロイカの同意なしには解任できなくなったのだ。ほかの多くの国でも徴税当局は、（HMRC〔英国歳入関税庁〕やIRC〔米国歳入庁〕のように）財務省から独立してはいるが、国会には直接に説明責任を負っている。だがベイルアウティスタン2・0においては、歳入関税庁は財務省にも国会にも説明責任を負わないのだ。★21

　恥辱《ちじょく》の三角形の総仕上げとして、民営化は独立の機関に委《ゆだ》ねられ、またもやトロイカの承認を受けた人物が代表の座についた。その人物のモットーは「全品売り尽くし」だ。国営の港湾や鉄道から手つかずのビーチまで、さまざまな物件を満載した光沢仕上げのカタログがバイヤーたちに提供された。国民の財産は売りに出され、その収入はギリシャの代理人の手を経て外国の債権団が回収することになる。★22 そのカタログを閲覧するギリシャの人々の険しい表情には、やり場のない激しい鬱憤《うっぷん》が現れていた。

　これほど重要な国家統治の三本柱を国会から奪《うば》い去るような法案に、議員たちはなぜ納得したのだろうか。実は彼らは、ギリシャをユーロ圏から排除するという脅しに屈していたのだ。これはどんな法治国家でも絶対に許してはならない投票であり、絶望的なほどに疲れ果てた国会でなければありえない議決だった。

「声を上げるのに資格なんて必要なの？」

「あんたにそんな権利なんてないわ、反対に投票して！」

　若い女性が国会議員に向かって叫び声を上げていた。議員は、ベイルアウティスタン2・0法案に賛成票を投じるべく国会議事堂入りするために、シンタグマ広場の群衆をかき分けて進んでいた。

「おれがどっちに投票するべきか、指図する資格があんたにあるのか！」と、彼は女性を怒鳴りつけ、肘《ひじ》で群衆を押しのけながら去っていった。その顔は汗だくだった。

「声を上げるのに資格なんて必要なの？」彼女の口からふと漏れた言葉は、実は破壊力を秘めた言葉だった。

　ベイルアウティスタンは醜悪《しゅうあく》な用語だが、最悪の現実をうまく言い表していると思う。ギリシャは、ドイツやフランスなどの銀行のために、債務者の刑務所に閉じ込められたからだ。その頃、夜のシンタグマ広場は、債務者の刑務所から債務の植民地への変容を象徴していた。それだけでなく、信用収縮に続くヨーロッパの「正当性の収縮」をも象徴していた。共通通貨という大陸規模の実験が失敗し、犠牲となった加盟国はバナナ共和国〔米国資本に支配される中南米諸国のような、腐敗した独裁政権が君臨する農業国〕のような扱いを受けているのだ。これは、繁栄を分かち合い、お互いを尊重し合うという約束のもとに創設されたはずの欧州連合にとっては、衝撃的なまでに不都合な事実である。

もちろん、ヨーロッパの支配層もこんな結果を望んだわけではない。二〇〇八年以前は、ベルリンやブリュッセル、パリ、フランクフルトのエリートたちは、米国のエリートやロンドンの金融街《シティ》の人間たちと同じように、自分たちのレトリックを信じていた。資本主義は大いなる安定をもたらした。景気変動は過去の物となった。銀行は「リスクなきリスク」を創出する魔法の道具を発明し、見事に自動制御されている、と。権威ある人々は、歴史は終わったと信じ、自分たちの仕事は、定められた合理的な方向に向かって自動運転・自動制御されるシステムを、わずかに方向修正することだけだ、と考えていた。

ウォール街崩壊の余波によって欧州の金融システムが揺らいだとき、ヨーロッパのエリートたちはパニックに陥った。フランスやドイツの銀行がブクブクと沈んでゆくのをみて、彼らはとっさに歴史のゴミ箱に手を突っ込み、砲艦外交の精神を取り出した。すると、その精神を支えていた馬鹿げた経済理論も一緒に付いてきた。それらが再び適用された場所が、たまたまギリシャであり、その結果がベイルアウティスタンだったのだ。

杜撰《ずさん》に建設された橋に過大な重みが加われば、最初に壊れるのはいちばん弱い梁《はり》だ。その梁がギリシャだったのだ。ギリシャという梁が弱かった理由は、ＥＵとは関係がない。戦後ギリシャの悲しい歴史と、この国を支配する寡頭支配層《オリガルヒ》のせいだ。しかし大事故の原因は橋の設計ミスだ。ギリシャを外してもっと強い梁に取り替えても、この橋はいずれ崩壊しただろう。

確かに二〇一〇年において、ギリシャの公共部門と民間部門は無能で、腐敗し、傲慢《ごうまん》で、借金まみれだった。ユーロ危機がギリシャで始まったのはそのためだ。ギリシャは一八二七年の建国以前から持続不能な債務をやりくりしてきた国だった。建国後、脱税はギリシャ人にとって、オリンピック競技と愛国的義務を足して二で割ったようなものになっていた〔「参加することに意義がある」と「参加せざるをえない」

の間という意味だ」。やがて人々は、この不名誉と寡頭支配層《オリガルヒ》たちの無能、そして独裁政治に抗議して立ち上がった。私たち革新派は一九六〇年代から一九七〇年代にかけて、道路やシンタグマ広場でデモを続けながら、ギリシャの政治について学んだのだ。しかしこれらの事実は一つも、二〇一〇年以降のギリシャの危機の深さや、地中海に面する債務者の植民地、ベイルアウティスタンがなぜ建国されたのかを説明しうるものではない。

二〇〇〇年に生まれたユーロにギリシャが参加しなかったら、いったいどうなっていただろう？　共通通貨が生まれてから八年間、ギリシャの政府も民間部門もフランスやドイツの銀行にちょっとしかカネを貸してもらえなかっただろう。通貨が下落を続ける債務国なんかに、彼らはカネを貸したがらないものだ。その結果、二〇〇〇年から二〇〇八年にかけての経済成長のペースは、実際に私たちが経験したような、借金漬けの好景気の場合に比べれば遅かっただろう。そして二〇〇八年に信用収縮が発生したときも、ギリシャが直面する不況は、ルーマニアやブルガリアと同じように、小さく、短く、取るに足らないものだっただろう。昔ながらの腐敗がはびこっていて非効率であっても、ギリシャは一九五〇年代や六〇年代のような歩みを続け、現在のような人道上の危機に陥ることもなかっただろう。この国の病理が許せない革新派の人たちはシンタグマ広場でデモを続けていただろうが、それは外国の人たちの耳目《じもく》を集めることもなかっただろうし、「ギリシャの新たな悲劇」や「グローバル金融制度に対するギリシャの脅威」といったヘッドラインが世界中のニュースを飾ることもなかっただろう。そしてもちろん、この本が書かれることもなかっただろう。

人間は間違いを犯すものだ。だがこれほど大々的に、これほどの犠牲者を出して失敗するためには、ヨーロッパ経済に大きな設計ミスがなければならない。それがユーロだ。ギリシャはユーロ圏という炭鉱のカナリアだ。それが死ねば、大陸の通貨・金融システムには致死性のガスが漏れ出しているという警告になる。だが、小さく、もろく、浪費的なギリシャは二〇一〇年、ヨーロッパとその銀行の犠牲《スケープゴート》にされた。

ギリシャ人は、フランスとドイツの銀行を守るために、絶対に返せないような債務を背負わされただけではない。外国の国会を真実から遠ざけるために、現代版の救貧院《きゅうひんいん》生活を強いられているだけでなく、自分たちの罪を心から悔い改めよと言われ続けているのだ。しかし、シンタグマ広場で連夜、壮大なる抵抗の声が沸き立つなかで、ヨーロッパの支配層は批難合戦の主導権を失いつつあった。断固として立ち上がったあの若い女性の、権威に異議を唱える権利を宣言した「声を上げるのに、資格なんて必要なの？」という言葉が、転換点の象徴であった。確かに、私たちの社会は問題でいっぱいだ。だからといって、前代未聞の残虐な仕打ちは正当化できない。私たちはそれを甘んじて受けるつもりはない。

エカテリーナ二世は言った。よいお手本になれないなら、ひどい反面教師になるべきだと。ヨーロッパの落ちこぼれの国々にとって、ギリシャの教訓は本当に酷いものだ。財政ルールを破った国々を待ち受けていたのは、債務と緊縮で作られた鉄の檻《おり》だったが、財政ルールを守れなくなったのは、そもそも経済危機のせいだったのだ。しかし、ギリシャの人々は、人間的な代案が存在すること、ヨーロッパの苦境は深刻だが悲劇的なものにする必要はないこと、そして私たちの運命はまだ私たちの手のなかにあるということを、ほかのヨーロッパ諸国の人々に決然と示そうとしていた。それが、シンタグマ広場の若い女性や、ホームレスの通訳者であるランブロスや、数百万もの人々だった。誰もが犠牲を払う覚悟はあったが、債務の無間《むけん》地獄に投げ込まれるのはごめんだった。

シンタグマ広場を占拠していた人たちは、暴力によって退散させられた。彼らはギリシャの夏の暑さのせいもあって、この場所には戻ってこなかった。だがその代わりに、彼らはギリシャの社会に浸透して、彼らの言葉を伝え、次の戦いに備えて雌伏《しふく》の日々を送っていた。そのときには、シンタグマの精神は止めようのない政治的なうねりとなって、投票によって新たな政権を誕生させるであろう。その新政権の使命は、ベイルアウティスタンを解体し、刑務所の壁を叩き壊すことだ。しかしそこに至るまでには、四年間の根気強い準備が必要であった。

3. 彼らは舌を弓のように引き絞る
They bend their tongues like their bows

少年は日曜の朝早くに帰宅した。ダナエと私は疲れきって床についていたが、眠りにつくまでは、聞き耳を立てて玄関ドアをノックする音を待っていた。ダナエの一七歳の息子は最近、羽根を伸ばして土曜の儀式に参加していた。アテネのティーンエイジャーたちにとって、土曜の慣例になっている儀式だ。友人たちと、あらゆる事柄の意味を夜遅くまで議論していたのだ。その場所はたいていプシリにあるカフェだった。プシリは古代のアゴラから、石を投げれば届くほどの近所だ。アテネは非常に安全な町で、プシリのあたりは特にそうだ。しかし親としては、玄関ドアの音がしたときには本当に嬉しかった。

その夜、私が眠りに落ちたと思われた時に、固定電話のベルがなった。こんな夜更《よふ》けに電話が鳴るとは、家族の誰かが具合でも悪くなったのかと、私は条件反射のようにベッドから飛び起き、居間へと急いで受話器を取った。

不気味で慇懃《いんぎん》な男性の声だった。「バルファキスさんですか？」

私は朦朧《もうろう》として答えた。「そうですが、どちらさまですか？」

その声の主は、それには答えなかった。「息子さんがご帰宅なさって、とてもうれしく思います。拝見したところ、息子さんはプシリでとても素晴しい時間を過ごされたようですねえ。そして、メトロポリス通りからハドリアヌス通りを迂回して、バイロン通りを歩いて、お宅に向かっておいでしたね」

背筋に冷たいものが走り、私は受話器に叫んだ、「あんたはいったい誰だ？　何が目的なんだ？」

彼の答えは氷のようだった。「バルファキスさん、意見や記事を発表するときに、具体的な銀行の名前を書くのは、心得《こころえ》違いというものです。毎日、毎週土曜日に、息子さんが無事に帰宅してほしいとお思いなら、そんなことはおやめなさい。あなたが取り上げるのにふさわしい問題は、ほかにもあるのではないですか？　それでは、おやすみなさい」

最大の懸念《けねん》が現実のものとなった。

二〇一一年一一月、二度目の救済策が実施された後のことだ。一度目の救済策は、ヨーロッパの弱者たち（主にギリシャの年金生活者と低所得労働者たち）に、外国の（主にフランスとドイツの）銀行家たちへの返済を強制するものであったが、二度目の救済策はギリシャの銀行家たちを救うためだった。ギリシャの銀行にとって、債権放棄《ヘアカット》の負担は三二八億ユーロ〔約四・三兆円〕だったが、それに対する補償として四一〇億ユーロ〔約五・三兆円〕が注入されるのだ。その結果、ギリシャの納税者が、ほかのヨーロッパ諸国の納税者から借金をすることになる。この資金注入が行われるかどうかが、ギリシャの銀行家たちにとっては死活問題だったのだ。

彼らの懸念事項は二つあった。第一に、ギリシャ議会が堕《だ》落し議員たちが弱体化しているため、彼らがカネを手にするまでに、政治プロセスが止まってしまう恐れだ。第二に、欧州中央銀行（ＥＣＢ）が、銀行家たちの不品行をさすがに見逃せなくなり、少しは取締りの意思を見せようとして、銀行も公金を受け取る前に少しは自分でカネを工面《くめん》しろと言ってくる、という心配だ。しかし、ギリシャの銀行も政府と同様、正真正銘の破産状態なのに、どうやって新規の資本調達ができるというのか。正常な投資家のなかには、潰《つぶ》れた銀行にカネを突っ込むような人間は存在しないのだ。

男二人とウィスキー一樽

二人のギリシャ人の銀行家がこの問題を解決した。その妙技を理解するには、一つのジョークを知っておくのがよいだろう。それは私がダブリンのパブで、二人の大酒飲みの企業家に語ったものだ。

物語はこうだ。アートとコンは、貧困から脱出しようと、地元のパブの旦那《だんな》のオルカンを説得し、ウィスキーを一樽借り受けた。隣町で祭りがあるというので、そこまで樽を転がしていって、中身を一杯いくらで売ろうというのだ。樽を転がしながら道を進み、二人はオークの大木の下でひと休みすることにした。大木《たいぼく》の根元に腰をかけたとき、アートは自分のポケットに一シリングのコインが入っているのに気づいた。彼は大喜びで、「なあコン、おれが一シリングお前に渡せば、ウィスキーを一杯やってもいいかな？」と聞いた。

「うん、いいよ」とコンは返事し、そのコインを自分のポケットに入れた。

一分後、今度はコンの方が自分のポケットに一シリング入っているのに気づいた。そして相棒に向かって、「ねえアート、どうだろう。一シリング君に支払えば、ぼくも一杯やっていいかな?」

「いいぜ」、アートは同意し、一シリングを取り戻した。

彼らはこれをくり返した。一シリングは二人の間を行ったり来たりした。そして一時間後には、アートとコンはオークの木の下でぐっすりと眠っていた。彼らの顔には満面の笑みが浮かび、そして樽は空っぽだった。

ギリシャの銀行家たちがこのジョークを知っていたかどうかは、私には分からない。しかし、彼らが銀行の資本調達の問題を解決した方法は、彼らが二日酔いに苦しむわけではないという点を除けば、不思議なぐらいにアートとコンの方法とよく似ているのだ。その二人の銀行家をアリスとゾルバと呼ぼう〔アリスとゾルバは架空の人物だが、それが指し示す実在の銀行家のことは、ギリシャでは誰でも知っている〕。そして、彼らの手口を説明しよう。

アリスの一家はオフショア銀行〔在外銀行〕を設立した。アリスの銀行に必要な数百万ユーロのカネは、ゾルバが担保も取らずに保証人も付けずに極秘《ごくひ》で貸し付けることに同意した。商売敵《がたき》になぜこんなに寛大《かんだい》なのか? なぜなら、ゾルバとアリスはさっきの話に出てきたオークの木の下に一緒に座っていたからだ。ゾルバも自分の銀行のための資金を必要としていた。そのため、ゾルバ一家のオフショア支店に同じぐらいの金額を貸してくれることを条件として、相手にカネを貸すことにゾルバは同意したのである。そして今度は、アリスとゾルバのファミリーは、自分たちのオフショア口座にあるカネを使って、自分の銀行の新株の購入を始めた。そうすれば、新規の資本を調達せよという規制当局の要求を満たし、貧しい納税者たちがトロイカから借りている巨額のカネを取り扱う資格が得られるというわけだ。

アートとコンの場合よりも、アリスとゾルバの場合の方がうまい話になっている。アートとコンは二日酔いとオルカンに対する負債に苦しめられることになったが、アリスとゾルバの方法だと、結局のところ、だれにも借りを作ってはいないからだ。実は、ゾルバの銀行からアリス一家のオフショア法人への貸付と、アリスの銀行からゾルバ一家のオフショア法人への貸付は、両方とも帳消しになる。つまり、貸し付けが行われ、それが銀行の不良債権の長々しいリストに計上されるやいなや、消えてなくなるというわけなのだ。★1

もちろんアリスとゾルバが特別に革新的だったわけではない。実のところ、彼らは昔からの詐欺《さぎ》の巨人たちの肩の上に立っていただけだ。たとえば、一九八〇年代の米国の貯蓄貸付組合(S&L)の詐欺事件で犯人たちが使っていた手口を真似《まね》ただけなのだ。だが、アリスとゾルバは資本主義の歴史のなかでも異例なことをやってのけた。それは、国際通貨基金（IMF）、欧州委員会、欧州中央銀行（ECB）という、最も有名な三つの国際機関から積極的に手助けしてもらって、詐欺をやり遂げたことである。三つの機関は以下の三つの大罪を犯した。一つ目は、「資本再構成《リキャピタリゼーション》」と称してアリスとゾルバにカネを渡すため、破産状態のギリシャ国民に、絶対に返せない巨額のカネをほかのヨーロッパ諸国から借りるよう強制したことである。二つ目は、（過半数の株を保有して）法的には銀行を所有しているはずのギリシャの納税者から支配権を剥奪《はくだつ》し、アリスとゾルバが銀行の責任者として居座ることができるようにしたことである。三つ目は、公金が投入されたにもかかわらず、銀行家たちが生み出した不良債権のおかげで、まったくの破産状態が続く銀行システムにギリシャの納税者を縛りつけたことである。

私は二人の調査報道記者とともに、あることを二〇一一年における自らの課題としていた。それは、ギリシャへの救済融資と、それを供与した国際機関と、ギリシャの銀行家のすぐれた「イノベーション」と、そしてギリシャの政治システムとの関係を明らかにすることだ。明らかに、私がこのあたりに干渉していたことが、今朝早くの興味深い電話の原因だろう。

ギリシャのメディアの「舌と弓」

外国のジャーナリストたちが私にインタビューする時、彼らは必ず、あることを私に認めさせようとした。それは、独特の腐敗がギリシャ国内に蔓延《まんえん》しているのだから、ギリシャ大不況を引き起こすうえで、EUやIMF、トロイカが果たした役割を、私が誇張《こちょう》しすぎているのだ、ということだ。不思議なのは、メディアがこのプロセスで果たした重要な役割について、興味を持って議論しようとする者が誰もいないことだった。

私が財務大臣を務めていた頃、ギリシャのテレビで私が対応したあるインタビューのなかで、興味深い告白を聞かされたことがあった。インタビューは、ほぼすべての論点を網羅した長々しいものだった。第一幕では、インタビュアーは躍起になって、悪質な憶測をもって私を責めたて、十分な答弁の時間もくれずに次の話題に切り替えていった。そのため私はほとんど弁明《べんめい》ができなかった。CM休憩のとき、彼は私に近づいて、耳元で囁《ささや》いた。「大臣、申し訳ありません。でも、今の最悪な状況をよくご存じですよね。うちに広告を出してくれているのは、アリスの銀行だけなんです」。私は、分かっていると答えた。その後、インタビューは若干リラックスしたペースで進み、私にも意見を言う機会が与えられた。少なくともその状況では、テレビ局がおまんまの食い上げにならないように、できるかぎりのことができたと思う。

公正な観点から言うならば、これは予想できたことだ。ギリシャのテレビ局は二〇〇八年以前から赤字だった。実際、どのテレビ局も黒字を出したことはなかったのだ。ギリシャの新聞社も同様だった。民間の企業ならば、とっくの昔に破産申請をしていたはずだ。しかし彼らはそうしなかった。債務で加速された不安定な経済成長の時期に、ギリシャのメディアは、自分たちを所有する事業者が、好き放題にカネを借りて投資ができるよう、重要な手段を提供していたのだ。政府の閣僚たちは、メディアの所有者たちが丸儲《もう》けできる政府契約を結ぶか、それを拒否してテレビや新聞でさんざんに叩かれるか、という究極の選択を迫られていた。ギリシャの高速道路のコストがドイツの三倍だったり、病院の薬剤価格が非常に高価だったり、潜水艦がピサの斜塔のように傾いたり、現金の奔流《ほんりゅう》がオフショア銀行口座へと流れ出したり、メディアの直販店が無一文なのに閉鎖されなかったりという状況の原因の一つが、これだったのだ。

二〇一〇年の国家破綻のさなか、一条《ひとすじ》の光明と言える出来事は、メディアを所有する事業者が食い物を貪《むさぼ》っていたエサ箱が枯渇し、彼らが自力でやりくりせねばならなくなったことだ。自分でのやりくりと言っても、これは広告収入が激減するなかで、メディアの持続不能なビジネスモデルによっては不可能なことだった。だがそれでも、経済危機の間に閉鎖されたメディアは一つだけで、それ以外は損失が膨張するなかでも機能し続けていた。なぜそれができたのか？　アリスと、ほかの二、三の銀行家たちが答えを教えてくれる。

それはまったく単純なことだ。銀行家たちはメディアの資金源を掌握《しょうあく》し、世論を操作して政治のゲームを支配した。こうして彼らは破産した銀行の経営権を握り続けたのだ。しかし、実業家とは異なり、銀行家は非常に賢明で、破綻したテレビ局や新聞社を買収しようとはしなかった。彼らは潤沢《じゅんたく》な広告料を支払って、メディアを延命させ、まやかしの追い貸しを行った。互いの企業どうしの貸し付けも、同じようなものだった。また、ＥＵやＩＭＦがギリシャ政府に供与している融資も、それと似たようなものだった。

大罪のトライアングルは完璧だった。破産状態のメディアはゾンビ銀行のおかげでゾンビ状態を保っていたが、その銀行は破産した政府のおかげで死に損ないの状態を維持し、その政府はＥＵとＩＭＦの救済融資のおかげで恒久的な破産状態を保っていた。まさにそのために、ベイルアウティスタンのメディアは救済策の便益を賞賛し、信用のおけない自国政府の犠牲者のように銀行家を描く一方で、事実を明らかにしようとする人間を悪魔に仕立て上げようとしていたのだ。

私が奮闘している最中《さなか》、米国の同輩であるビル・ブラックが送ってくれたeメールには笑ってしまった。彼は一九八〇年代と、そして特に一九九〇年代の米国の貯蓄投資組合のイカサマを明らかにするうえで、重要な役割を果たした人物だ。eメールは短い引用句だけだったが、私はそれを連帯感の表明と解釈した。「彼らは舌を弓のように引き絞り、真実ではなく偽《いつわ》りをもってこの地にはびこる。彼らは悪から悪へと進む」（エレミヤ書九・二〔訳文は『新共同訳 旧約聖書』、一一九二頁より〕）

若きプリンス

アテネ市内のプシリ地区は、夜間は騒々しい若者に占拠されているが、日中はまったく違っている。小さな作業場が存続のための努力を続け、ナットやボルト、ボタン、工具などを作っていたが、国際市場ではその価値が急激に下落していた。空気は重たく、作業場の騒音は耳ざわりだったが、ベーカリーと、本数の少ないジャスミンの低木は芳香を放っていた。ときおり、ロマの音楽家がもの悲しげに歌っていた。彼らはアコーディオンやホルン、ヴァイオリンなどを担《かつ》いで路地を渡り歩き、懐古趣味の通行人たちからいくばくかの硬貨を受け取っていた。

私はプシリをよく知っている。なぜなら、かつて私が働いていた大学の研究室はこの地区からわずか数百メートルの道のりであり、ダナエのスタジオはまさにこの地区の中心にあるからだ。プシリの端っこに急進左派連合の汚いオフィスがあった。急進左派連合は一般にシリザ（Syriza）の略称で知られている。二〇一一年の初め、シリザの若きリーダーの親友であるニコス・パパスが私に電話してきた。三人の会合をセッティングするので、プシリで会わないかというのだ。それは私にはまったく自然なことに思えた。

私たちは、上品なプチ・ホテルで面会した。この建物は、富裕層向けの都市改造《ジェントリフィケーション》の典型例であったが、そのブームは二〇一〇年に突然の終わりを迎えていた。ここは私たちの定例会合の場になった。この日の対話は、パステルカラーの壁に見守られ、リラックスしたムードで、ほとんど学者の勉強会のようなペースで始まったが、二〇一二年までには、話し合いは目的をもった真剣なものに変わってゆく。しかし、最初の数回の会合では、私には彼らと再び会うことになるだろうと考える理由はなかった。

私が初めてアレクシス・チプラスの顔を見たのは、二〇〇八年の地方議会選挙で、アテネのあちこちに貼られた市長候補者のポスターであった。ダナエはギリシャ左派のこの独特な一派を長らく支持しており、三五歳の若者が市長選に立候補するというので熱狂していた。[★2]市長のポストはたいてい、マキシモスへのジャンプ台として、退屈な高齢の政治家たちによって占有されていたのだ。中央アテネ選挙区でアレクシスがシリザの票を倍増させたので、まもなく党内守旧派が内部反乱を起こしてアレクシスを党首に据《す》え、彼を自分の後釜《あとがま》として指名していた人物を排除した。翌年の総選挙で、アレクシスが初めてこの党を率いることになったが、結果的には新聞やニュースの見出しはヨルゴス・パパンドレウが率いる不吉な社会主義政党の大勝利一色であった。シリザ[★3]は第五党で、得票率はたったの四・六％であり、二〇〇七年と比べて〇・五％ほど票を減らしていた。

wikimedia commons

ニコス・パパス
(Nikos Pappas)

ホテルに入った時、彼とパパスはすでに着席して、昼食を注文していた。アレクシスの声は暖かく、微笑みには飾り気がなく、彼と握手した時にはよい友達になれそうな気がした。パパスの目はより野性的で、声は甲高《かんだか》かった。彼は、話題が可笑《おか》しかろうが悲劇的だろうが絶え間なく冗談を言い、誰が見てもタダの人なのに、何とかして威光を示そうとしていた。しかし一目見れば、パパスの言葉をプリンスが信頼しているのは明らかだった。パパスがプリンスを導き、制止し、背中を押しているのだ。この第一印象は後の激動の数年間を通じて変わらなかった。この二人の若者は同じぐらいの年齢で、まったく異なる性格だが、行動と思考は一心同体であった。

緊張を解こうとパパスが口を開いた。「先生の『基礎論』を読んで以来、何年間も先生のお仕事をフォローしているんです」。『基礎論』とは、私が一九九八年に出版した経済学の教科書の名前だ。[★4]彼がその本に出会ったのは、スコットランドで大学院生として経済学を学んでいたときのことであろう。その後、彼は「ユーロ危機を解決する穏健《おんけん》な提案」を読んだ。これはスチュアート・ホランド（英国労働党の元国会議員でサセックス大学の経済学教授）と私との共著である。スチュアートと私は二〇〇五年から「穏健な提案」の策定を行っていたが、その動機となったのは、共通通貨ユーロが途方もない危機をもたらし、欧州連合はそれを乗り切ることができないだろうという確信であった。[★5]ユーロ危機が発生した後、スチュアートと私は「穏健な提案」を洗練させ、これを拡散すべく力を注ぎ、これが欧州連合の破滅を避ける最善の策だという説得を続けた。「『穏健な提案』で掲げられた提言を、アレクシスに説明してもらえますか？」、パパスが言った。

　私はその基本的な論理を説明した。その後、会話はベイルアウティスタンの政治経済学の一般的な評価に移り、そして債務者の刑務所から国を救い出そうという革新派にとって、どんな戦略が利用可能なのかについて話し合った。

　すぐに明らかになったのは、ギリシャはユーロを維持すべきかという基本的な問題について、政治的な理由のせいでアレクシスが決断しかねていたということだ。二〇一一年にも、この党はグレグジットを公式の政策に採用すべきかについて、意見の対立を起こしていた（ここでいうグレグジットは、ユーロ圏からの離脱を意味するが、ＥＵから離脱するとは限らない）。

wikimedia commons

アレクシス・チプラス
(Alexis Tsipras)

話を続けるうちに私には、この問題に対するアレクシスの態度は軽率で未熟なものに思われた。彼は、正しい政策について自分の考えを明確にすることよりも、党内で対立し合っている派閥どうしをまとめることに意を注いでいた。パパスが意味深な表情でこちらを見ていることから、彼も間違いなく同じように考えていて、リーダーがグレグジットという軽率な考えを捨てるように、私に手助けしてほしいと望んでいるようだった。

　それから一時間ほど私は、アレクシスに納得させるために最大限の言葉を尽くした。グレグジットを目標とすることは、それに対して備えをしないのと同じぐらい大きな間違いなのだと。またシリザが、選挙に勝てばＥＵやＩＭＦとの救済融資協定を一方的に破棄しますというような馬鹿げた約束をしていることについても批判した。

　アレクシスが尋《たず》ねた。「彼らの救済プログラムを私たちは拒否します、彼らがそれを受け容れなければユーロを離脱するつもりです、そういうふうに言うことが、なぜダメなんですか？」

　私は、トロイカと対決した場合、三とおりの結果が考えられると説明した。最善の結果はギリシャのための新たな協定です。つまり、真摯《しんし》な債務再編《ヘアカット》を行い、自滅的な緊縮策を終わらせ、そして特権階級を標的とした一連の改革を通じて、私たちがユーロ圏に留まることです。最悪の結果は、ユーロ圏に現状のまま残留して、債務者の刑務所のなかで未来と希望と収入がじわじわと蝕《むしば》まれてゆくことです。グレグジットはその真ん中でしょう。ユーロ圏のなかでまともな解決策が実現するケースよりは遥かに悪いものですが、救済策と緊縮策と不況との悪循環を、これから五年以上も放置する場合に比べれば、中長期的には望ましい結果となるでしょう。

私は説明を続けた。チプラスさんがたとえ交渉の相手方に対して、こちらの条件を呑《の》むか交渉決裂かを選べと啖呵《たんか》を切ったとしても、ベルリン〔ドイツ政府〕、フランクフルト〔ECB〕、ブリュッセル〔EU〕、それにIMFが呑む可能性はないでしょう。机を蹴《け》って立ち去るだけです。このように最後通牒《さいごうちょう》を突きつけても、第三の結果、すなわちユーロ圏からの追放を確実なものにするだけで、第一の結果に到達できる可能性さえなくなってしまいます。最善の結果に至るドアを閉ざさないためにも、あなたは交渉に全力を尽くすべきです。これは一方で、当方がグレグジットを（目標どころか）脅《おど》しの材料にもしないことを、しかし他方で、ギリシャが最も恐れていることは、ユーロ圏からの追放ではなく、今の状況がいつまでも続くことだということを、世界にはっきり示すことなのです。このように説明したが、私がこの議論に込めた思いに、彼が心を動かされたかどうかはよく分からなかった。

「でもですね、バルファキス先生。ポール・クルーグマンとか、いろんな人たちがユーロから離脱した方がいいって言っていますよね」、と、アレクシスが問い返してきた。

ユーロ圏には絶対に入るべきでなかったということに、私は同意した。だがすぐにこう付け加えた。ユーロに入らないことと離脱することとは、まったく別次元の話です。離脱したって、加入しなかった場合の状態に復帰することはできないのです！

彼がまだ考えあぐねているので、私は、グレグジットが宣言された場合に即座に何が起こると想定されるかを説明した。アルゼンチンの場合は、自分たちの通貨とドルとの固定相場をやめればよかっただけですが、ギリシャは独自の紙幣も貨幣も持っていません。グレグジットはドラクマとユーロの固定相場を破棄すればすむという話ではないのです。たしかにアルゼンチンの場合は、固定相場を廃止したことによって自国通貨が急激に下落して、輸出の回復に繫《つな》がりました。その結果、貿易収支が大幅に改善して、経済の健康が回復したのです。[★6] でもギリシャはアルゼンチンと違って、ユーロから離脱する前に、新たなドラクマを創出することはできないのです。通貨を創出するには何か月もかかるからです。言い換えれば、グレグジットは通貨安が起こる何か月も前に、自分から通貨の切り下げを宣言するようなものです。とんでもない結果をもたらすことになります。ユーロが国外逃亡し、日々の交換を媒介する国内通貨も存在しない状態になりますよ。

私はアレクシスに尋ねた。そんな状況になって、選挙戦に突入して、有権者の前に立って、これは公約どおりの状況になっただけです、などと説明する覚悟はあるのですか。これがプランAなのですか。それよりも、こう言った方がいいのではありませんか。再交渉を要求するつもりです。ユーロ圏に留まって人にやさしい経済を持続可能なものにするために、ギリシャのための新たな協定を実現するために。しかしEUとIMFがまともな理由なく交渉を拒否するなら、ギリシャはヨーロッパの納税者から、まやかしの追い貸しを受けるつもりはまったくありませんと。そして、もし彼らがギリシャに対して反撃し、双方にいかなる犠牲をもたらそうともユーロ圏から追放しようというなら、上等だ、彼らが自分から最悪の選択肢を選ぶがよいと。

パパスは興奮気味に頷《うなず》いていたが、アレクシスの気持ちはどこか違うところにあるようだった。私は、なぜ黙っているのですかと聞いた。彼の返事はやはり、彼の心がこの眼前《がんぜん》の問題に取り組むことよりも、シリザ党内のいざこざに向けられていることを、はっきりさせるものだった。会合も終わりが近づいたので、私は傲慢《ごうまん》に聞こえるのを承知で、まったく別の事柄について有難迷惑《ありがた》なアドバイスをした。「チプラスさん。もしあなたが首相になりたいのなら、英語を学ばないといけません。家庭教師をつけたほうがいいです、絶対に」

家に帰ると、会議はどうだったと、ダナエが聞いてきた。「彼は感じのいい人物だが、どうも資質が足りないようだ」と私は答えた。

アレクシスとパパスとのこの最初の会合は、いろんな意味で転換点であった。それまで二年間、私は右から左までさまざまな、憂慮する政治家たちと面会をくり返してきた(共産党幹部だけは別で、彼らは永遠の自己満足的信念の泡のなかに生きていた)。しかし二〇一一年も終わりが近づき二度目の救済策が迫ってくると、政治の中枢部にいる誰ともまともな対話をする機会がなくなってきた。縮小するPASOKの社会主義者の多くはただ単に個人的な懺悔《ざんげ》をするだけだったし、新民主党の保守主義者たちの多くは、かつては私の不吉な予感を共有していたが、今やPASOKの連中を抱き込んで、二度目の救済策を実現させ、自分の党を権力の座に着けようとしていた。超党派の対話の可能性は突然の引き潮のように失われた。議会ではシリザだけがベイルアウティスタン2・0の支配層との戦いを続けていた。そのため、二度目の救済策が策定されたころ、パパスが次の会合の電話をかけてきた時には、私には何の迷いもなかった。いかなる懸念があろうとも、彼の招聘《しょうへい》を受け入れたのだ。

二度目の会合と、さらに何度かの会合で、私は（いい意味で）驚愕《きょうがく》した。アレクシスは見違えるようだった。楽観主義もシリザ内部の問題への執着も、グレグジットに対する安易な考えも消え去っていた。彼は明らかに宿題をこなし、「穏健な提案」を消化していたのだ。[★7] さらに彼は胸を張って、英語の家庭教師を雇ってかなりの進歩を遂げていると言った（数年後、彼が首相になってから、アレクシスと、ドイツのメルケル首相と、フランスのオランド大統領との電話会談を聞いて、この時のことを思い出した。この三人のなかで、アレクシスの英語が最高だったのだ）。

この会合で最もよかったことは、目的の明確さと統一性が確認できたことだ。EUやIMFと交渉する際には、アレクシスの成功は、彼がギリシャの銀行を管理する能力があるかどうかにかかっている。このことを二人に理解させるために、私はエネルギーを費やした。この間、アレクシスは私が推奨する三項目の建設的不服従（constructive disobedience）の政策を完全に受け入れたようだった。それは第一に、彼らが提案して来たまやかしの追い貸しと緊縮策を明確に拒否すること、第二に債務を再編し、税率を引き下げ、大罪のトライアングルを攻撃するための穏健な提案を前面に打ち出すこと、そして第三に、ドイツ政府は債務再編の要求を絶対に拒否するだろうし、メルケル首相は二〇一〇年に何をやったのかを議会で懺悔《ざんげ》させられるような事態も絶対に避けようとするだろうから、彼らがユーロ圏からギリシャを追放すると言って彼を脅《おど》してくる日がきっとくる、そのことをいつも肝に銘じておくことである。

アルキメデスの視点

私はまだダナエに、脅迫《きょうはく》電話のことを話していなかった。無闇《むやみ》に彼女を心配させる前に、まずはそのリスクを評価したかったのだ。間違いなく、それは私を黙らせるための虚仮威《こけおど》しにすぎないだろう。しかし、私は一人で判断する権利がないことに気づいた。二度目の救済策を間近に控え、メディア、銀行、政府は最後の抵抗の準備をしていた。彼らがどれだけのことをしてくるか、それを知るための手がかりは何もなかったのだ。私は勇気を出して彼女に話をした。

彼女は責めるように私を睨《にら》みつけ、簡潔かつ無味乾燥な一言を発した。「あなたが私たちを守るために政治の世界に入るか、私たちがこの国から出るかのどちらかよ」

「それなら、国を出よう」と、ためらいなく私は答えた。

数日後、私はグローバル経済危機に関する新著の売り込みのために米国に行かねばならなかった。[★8] そこでは、役職のオファーが二つもあった。これで運よく、ダナエとの約束が果たせる。二〇一二年初頭には、米国に移る準備が進んでいた。[★9] 飛行機に乗る日、ブルームバーグの画面は金融界に対して、ユーロ圏からのニュース速報を二つ報じていた。一つ目は「メルケルが債務共有に妥協姿勢、モンティが彼女を説得」というものだ。もう一つはもっと身近なもので、「ギリシャ、経済の真実を語った教授を国外追放」だという。[★10] 最初の速報だけでも正しかったらよかったのだが（実際は誤りだった）。二つ目はもちろん間違いだ。

　ダナエと私はシアトルに到着した。私は数か月の間、ヴァルブ・コーポレーション[★11]の経済研究員として働いた。オースティンに移ると、私の親友で同僚であるジェイミー〔ジェームズ〕・ガルブレイスが、テキサス大学のリンドン・B・ジョンソン公共政策大学院で働けるよう準備してくれていた。そこでは「欧州金融危機」と題された講座を含む、いくつかの講座を教えることになった。だがしかし、私にポストを与えることで、後にいったいどんなことに巻き込まれることになるのか、彼の先見の明をもってしても予見できなかっただろう。三年後にはジェイミーは私とともに、ギリシャ財務省で最枢要《すうよう》の極秘プロジェクトに携《たずさ》わることになるのだ。

　二年を超えるオースティンでの暮らしは、アルキメデスの視点〔宇宙から人間世界を客観的に眺めるような視点〕を私に与えてくれた。ここは、観察するにも行動するにも理想的な場所だった。遠いところからトロイカや彼らの手先がギリシャをベイルアウティスタン2・0に変貌《へんぼう》させるのを観察するのは胸をえぐられる思いだったが、ここで、明確にものをみることができるようになった。

　またここで、ワシントン〔米国政府〕と、私の新たなシリザの友人たちとの橋渡しをする機会が与えられた（これは自然な同盟関係とは言えないかもしれないが）。私の予想では、将来のシリザ政権は、ドイツや欧州委員会や欧州中央銀行と正面から激突することになるかもしれない。そのとき、アレクシスやパパスは絶対に米国政府まで敵に回してはならない。そのため、二〇一二年から二〇一五年にかけて、ジェイミー・ガルブレイスの支援と人脈によって、米国のオピニオン・リー

wikimedia commons

ジェイミー・ガルブレイス
(Jamie Galbraith)

ダーやオバマ政権に説明をするために、私にできることは何でもやるつもりだった。シリザ政府の最優先課題は圧迫的な債務からギリシャを解放することだから、米国は彼らを警戒する必要はまったくない、ということである。

オースティンはいい意味で奇妙だった。ライブ音楽マニアにとっては天国であり、よその世界の混乱を忘れるには最高の場所だった。しかし、私にはこのどちらにも縁がなかった。ギリシャが眠っている昼間には授業の準備をし、「避けられない経済危機に対するヨーロッパの馬鹿げた対処法」に関して、その根本原因を説明する本を執筆した[★12]。夜には時差を利用して、スカイプ（ビデオ通話サービス）を使ってギリシャのテレビに出演し、最新の議論をフォローし、私のキャンペーンを続けるための記事を書いた。

二〇一二年のギリシャの冬と春を特徴づけたのは、静寂《せいじゃく》な激痛と、抑圧された鬱憤《うっぷん》であった。シンタグマ広場には、二〇一一年のような大規模行動は見られなかった。景気後退が一段と深刻化したため、人々は自分で痛みに耐えるようになった。家にこもって自分の傷を舐《な》め、助けを必要とする人を世話した。トロイカの専門官僚《テクノクラート》による連立政権は、欧州中央銀行の前副総裁が首相を務め、PASOKと新民主党が支持していた。彼らはベイルアウティスタン2・0の骨格を完成させつつあった[★13]。この政権の仕事が終わり、新民主党リーダーのアントニス・サマラスが総選挙を実施する日が迫ってきた。この選挙に勝ち、意気揚々とマキシモスに凱旋《がいせん》しようという心づもりだ。その場合、総選挙は二〇一二年五月に実施されることになる。

五月の選挙までは、アレクシスやパパスと私とのやりとりはわずかで、縁遠いものだった。パパンドレウのPASOKはほとんど忘れ去られており、主役はサマラスの新民主党とチプラスのシリザだった。しかし彼らも私も、いくら政治の地殻変動が巨大だといっても、前回の選挙で四・六%しか取れなかった政党が政権を奪うチャンスなどないと考えていた。

シリザにはまともな綱領を、基本的で、進歩的で、ヨーロッパ統合主義的で、論理整合性があり、大衆迎合的ではない綱領を、有権者に対して提示してほしかった。それは、EUやIMFと問題解決策を交渉できる力をもった、信頼のおける将来の政権をイメージさせる基盤となるものだ。アレクシスとパパスはそれとはかけ離れた政策プログラムを打ち出そうという方向に傾いていた。それは（私からみれば）長期的な論理的整合性を蔑《ないがし》ろにして、短期的な選挙得票数を最大化しようとするものであった。シリザの二〇一二年の選挙マニフェストを手にし、経済政策の箇所を開いたときは、あまりに歯がゆくて数ページ読んでやめた。翌日、ギリシャのテレビレポーターがこれについて私にコメントを求めた。私は言った。私はシリザ支持に傾いていましたが、私が彼らに投票するかどうかは、あの経済政策を読破できるだけの忍耐力があるかどうかにかかっていますね。

五月の選挙の結果はハング・パーラメント〔絶対多数派が存在しない状態〕となった。ＰＡＳＯＫと新民主党が政治的な中心であったが、両党合わせて八〇％にも達した支持率は過去のものとなり、前回両党に投票した人々の半分以上が、今回は彼らを見捨てていた。これは既得《きとく》権政党となった両党が、ベイルアウティスタンへの道筋を作った代償であった。[★14] これがちょっとした地震にすぎないというのは過小評価だ。債務デフレが政治的中間層を崩壊させ、ナチズムが醜悪な姿を現すというのは、歴史上よくあることだ。今回はついに黄金の夜明けが七％の票を獲得して第四党となったのである。他方、シリザは前回と比べて票を四倍に増やし、アントニス・サマラスの新民主党にあと二％と肉薄した。左翼政党が公式に野党の頂点に立ったのは、一九五八年以来初めてのことだった。アレクシスやパパスにしてみれば、私がシリザの経済政策を酷評したことを無視して、自分たちの正当性が確認されたと感じてもおかしくない。

しかし、最大与党の得票率が一九％に達しないような議会は、安定した政権を形成できない。政権の解体が避けられなくなり、一か月後、二〇一二年六月に再び選挙が行われることになった。政権が存在せず、議会が機能しないなかで、ギリシャ国家が債務をきちんと返済しているという体裁《ていさい》をとりつくろうべく、ＥＵとＩＭＦは新たに息を呑むような幻想《イリュージョン》を呼び起こす必要に迫られた。この頃、選挙において勢いのある政党はシリザと新民主党だけであった。シリザの成長は速かったが、新民主党よりも支持率はわずかに低かった。しかし、ここ数週間の傾向が続くなら、アレクシスが政権をとる可能性もあった。そう考えると、国内の寡頭支配層《オリガルヒ》や、トロイカ、ドイツの政治的支配者たちは身震いした。それに劣らずアレクシスやパパスも武者震いした。残酷な神様が、彼らの最大の望みを叶《かな》えようと企んでいるのかもしれない。その可能性に彼らが恐れ戦《おのの》いたとしても無理はない。

警告音

五月の選挙で票を投じるべくアテネに戻っていた時、パパスから会合を開きたいという電話が入った。チプラスとパパスと私はあの時と同じプシリのホテルで会った。今回はかなり興奮していた。もはや彼らは政治ゲームの脇役ではなく、数年どころか数週間のうちに大きな変化をもたらせるだけの、人々の支持の波に乗っているのだ。しかし、この会合のなかで、私の頭のなかでは警告音が激しく鳴り始めた。

パパスが彼らしい笑みをニヤリと浮かべ、私に問うた。「先生、覚悟しておられますか？　私たちが勝ったら、先生がEUやIMFとの交渉を取り仕切ることになりますが」

口から胃が飛び出しそうな気分だった。パパスがEUやIMFとの交渉に私を巻き込もうとする熱心さは、シリザの経済政策メニューがヤニス・ドラガサキスという人物に委《ゆだ》ねられているという事実とはあまりに不釣り合いだった。ドラガサキスは党の影の財務大臣であるが、老練な左翼政治家であり、アレクシスをリーダーの座に引き上げるうえで、それどころかシリザそのものを立ち上げるうえで、中心的な役割を果たした男だ。アレクシスもパパスも明らかに、ドラガサキスがEUやIMFと戦える人物だとはみなしていないが、それでも党の経済綱領を作成する責任者は彼であり、二人とも党の重鎮である彼の怒りを買うようなことはしたくなかった。二人は、交渉責任者と財務大臣の役割を分離しようという浅慮な考えに執心していたが、その裏には、こうしたドラガサキスへの遠慮があるものと私は推測した。

私はパパスの質問に答える前に、しばらく間を置いた。そしてアレクシスの目を見て、申し出は光栄ですが、役割を分離してうまくいくとは思えません、と言った。すべての交渉はユーログループ会議のなかで行われる。この会議には各国の財務大臣が代表として参加する。財務大臣が相手からも信用され、交渉力を発揮するためには、首相から任命されるだけでなく、内閣、議会、有権者の完全なる支持が必要である。自国の経済的自由をめぐる債権団との交渉に、選挙で選ばれていない専門官僚《テクノクラート》を財務大臣に仕立て上げ、国内経済は別の人物が運営するようなことをすれば、最悪の事態は免《まぬが》れない。

アレクシスが私に同意したのを見て、パパスは議論のまとめに入った。三週間後の、六月一四日の選挙にシリザが勝った場合の、政府の最適な交渉スタンスに関する説明資料を、私に作成するよう求めたのだ。その夜、私は机に向かって最初の戦略文書を完成させた。戦略文書はのちに数限りなくバージョンを重ねてゆくことになる。

まず私は、ギリシャの債務再編に向けて、EUとIMFに提示する二つの案を示した。第一に、政府の破産、すなわち公的債務の問題を、ギリシャの銀行の破産や、彼らの私的な損失の問題とは切り離すことである。これにより、破産した政府は、受け取ってもいないヨーロッパの納税者のカネの責任を追及されないですむ。より重要なのは、銀行の回復が政府の債務によって妨げられなくなることである。そもそも、ギリシャ政府だって破産しているのに、どうやって銀行を支えられるというのか。このような切り離しができなければ、あたかも泳げない者たちがお互いに揉《も》み合いながら嵐の海の底に沈んでゆくように、ギリシャ政府とギリシャの民間銀行とが足を引っ張りあって自滅してゆくであろう。では、どうすればよいか。ヨーロッパの納税者たちに、ギリシャの銀行の所有者となってもらうのだ。銀行は、ギリシャ政府の事実上の赤字部門ではなくなり、ヨーロッパの人々に支えてもらうことにする。そして、彼らを代表してEU諸機関に銀行を経営してもらうのだ。[★15]銀行の信認を回復する方法はこれ以外にはない。

第二に、二度目の救済策によって生じた債務は、ギリシャ経済が相当に回復したことが確認された場合にのみ、ギリシャ政府からEUやIMFに返済するという条件をつけるのである。[★16]国の経済に回復のチャンスが与えられる道は、ほかにはない。

この債務再編のための二つの策は、新たな時代を象徴するものとなろう。すなわち、EUやIMFはこれ以上、クリスマスが来る前のスクルージ〔ディケンズの小説『クリスマス・キャロル』の主人公で、冷酷な守銭奴の銀行家〕のようなケチなことはやめて、ギリシャのパートナーとして経済回復を促進すべきである。さもなくば、彼らの救済融資も結局のところ厳しい債権放棄《ヘアカット》の対象となるだけだ。

アレクシスとパパスだけに宛てたこの説明資料の最後を、私は以下の説明で締めくくった。EUやIMFの関係者やギリシャ国内の特権階級からは、どんな反応が予想されるだろうか。それは、むき出しの敵意にほかならない。もちろん、ギリシャの経済回復を支援して、債務をできるかぎり多く返済させることは、彼らにとっても望ましいことだ。しかしこの二つの提案は、私たちの国内外の政敵にとっては、政治的に危険なものでもあるのだ。私は次のようにアドバイスした。

ヨーロッパの高官たちが「まやかしの追い貸し」に固執して、この二つの提案を即座に拒否した場合、アテネ政府は何をすべきでしょうか？

シリザ政権が、債務が効果的に再編されるまではどんな形の新規融資も拒絶するという覚悟ができないようなら、そもそも選挙に勝利する意味もありません。もちろん、新規融資を断ることには犠牲が伴います。トロイカは銀行の閉鎖をもって脅してくるでしょうし、政府は税収を増やして公務員の賃金や年金を支払わなければならなくなります。それが意味するのは、交渉が行われている間は、財源の範囲内でやりくりできるよう、政府の準備が必要だということです（必要なら、プライマリーバランス[☆1]赤字がなくなるまで、最富裕層の年金を引き下げ税負担

☆1　プライマリーバランス（基礎的財政収支）とは、歳入総額から国債などの借入金収入を差し引いた金額と、歳出総額から債務の元金・利子支払いを差し引いた金額とを比べた財政収支のこと。

を求めます）。そして、紙幣による取引は、デビットカードやウェブバンキング、あるいは政府が発行するなんらかの債務証書（ＩＯＵ《アイオーユー》）〔I owe you の略〕に置き換えてゆきます。これらは確かに気持ちのいい手段ではありませんが、主権を回復するための異例の戦いにおいては、異例の手段が必要となるのです。しかし、よい知らせもあります。もし皆さんが、より穏健で有意義な要求を行うと同時に「まやかしの追い貸し」を拒否するならば（本気でそうするならば！）、ＥＵやＩＭＦはほぼ確実に交渉のテーブルに着くことでしょう。交渉のコストは彼らにとって、財政的にも政治的にもそんなに高くないはずですから。

二〇一〇年以来、いかなる債務再編の提案に関してもトロイカが容赦ない対応を見せてきたことを、私は完全に理解している。こうした提案は、ギリシャ救済策の本当の目的が何だったのかを白状するよう、メルケル首相に要求するものだったからだ。同様の反応が今度はギリシャ国内で見られることだろう。ギリシャの臆病な銀行家にとってみれば、私の債務再編キャンペーンとはようするに、彼らを破産させて、銀行の支配権をＥＵの諸機関に、そして銀行の所有権をヨーロッパの納税者に移すという話だからだ。しかも、銀行家の背後にいるのは政治家たちである。担保も保証も審査もいっさいなしに、オトモダチの銀行家たちから巨額の融資を受け続けてきたのは、ほかならぬ政治家たちなのだ。この戦略の意味するところをアレクシスがどの程度まで理解していたのか、私には分からない。しかし、私の助言を受け容れれば、彼がどんな困難に直面することになるのかは、私にはよく分かる。それを彼に詳しく説明していたのは、ほかでもない私だったからだ。これはまさに戦争だ。彼が受け容れをためらうのも無理はない。

後に、彼は党本部での会議で私に問うた。「先生のアドバイスは、ギリシャの銀行を外国人に引き渡せということですか？　どうやってこの案を、シリザの仲間に売り込めばいいのでしょうか？」

「おっしゃるとおりです。まさにそれを、あなたがやらないといけないのです」と私は答えた。

ユーロ圏に留まって、交渉に基づく協定を獲得したければ、あなたは基本的な事実を認識しておかなければなりません。ギリシャ政府にはギリシャの銀行を支えるカネなどまったくないのです。したがって、番狂わせによってグレグジットを余儀なくされるか、最悪のシナリオとして債務の拘束が永遠に続くか分かりませんが、それ以外の場合には、ヨーロッパがギリシャの銀行を所有するほかに道はありません。そして私はこう言った。実際のところ、これは遅かれ早かれ必ず起こることなのです。米ドル圏でカリフォルニア州やテキサス州の銀行システムなるものが無意味なのと同じように、ユーロ圏で、国家に根ざした独立した銀行システムを思い描くことなど、馬鹿げたことなのです。

アレクシスは理解した。ただしこれは必ずしも、彼がこの考え方を歓迎したことを意味しない。何しろ、シリザの中央委員会は（当然ながら）銀行国有化という考えに取り憑《つ》かれているのである。ギリシャのマスコミは「チプラスが我々の銀行を外国人に売り渡した」といって激しく批判するだろうが、シリザ左派のメンバーたちも、金融機関の国有化をめざした自分たちの長征をアレクシスが放棄したといって批判するだろう。このような反発が避けられないことを、アレクシスが憂慮しているのを見て、私は彼に次のように注意した。ギリシャを解放することは、強い敵を作り出すことを意味します。その敵とは、この国を債務の植民地のままにしておくことを、政治的な至上命題としている人間たちだけではありません。社会主義の楽園をユーロ圏のなかに建設することをあなたに期待しているような、シリザのなかの人間たちをも敵に回すことになるのです。でもそんなことは不可能です。ユーロ圏のなかでできることは、ギリシャを債務者の刑務所から解放することだけなのです。これを達成するための唯一の望みは、できるかぎり多くのドイツ人に、次のことを確信させることだけなのです。ギリシャのブラックホールの金蔓《かねづる》になるよりも、ギリシャの回復のパートナーになるべきだということを、です。ドイツ人たちはギリシャの銀行にカネを注入しようとしているのだから、あなたは彼らに銀行の株式を提供すればいいのです。こうすることによってのみ、彼らがギリシャの経済回復の利害当事者《ステイクホルダー》となるのです。この一手で、あなたは大罪のトライアングルを破壊できるのです。

アレクシスは微笑んだ。彼は言った。銀行家と対決することはどうってことありません。でも、ギリシャで経営する商業銀行に対して影響力を失えば、政府は産業政策も開発計画も再建計画も、実施できなくなるのではありませんか？　シリザ中央委員会がこれを呑むとは思えないのですが……これは確かに一理ある。

私は、彼らに対して次のように言うように提案した。私たちは、真の国際派で、革新的なヨーロッパ統合主義者です。私たちは破産したギリシャの銀行を、腐敗したギリシャ人の特権階級の手から、そこにお金をつぎ込まされているヨーロッパの普通の人々に、すなわち私たちと同じヨーロッパ市民の手に引き渡そうではありませんか。現在、これらの銀行はギリシャの回復と成長に必要な投資のための資本さえ供給できていないのですよ。私たちは、銀行をその負債と一緒に彼らに引き渡しても、何も損はありません。利益を得るだけです。何なら、新たな政府開発銀行をゼロから立ち上げて、ギリシャに残っている公共資産を管理させることもできます。これらの資産を担保として、できれば欧州投資銀行（ＥＩＢ）の協力を取り付けて、開発目的の新たな投資を呼び込むこともできるでしょう。

アレクシスは、国際派、革新的という響きを気に入ってくれた。しかし、シリザ中央委員会にこれを持ち帰ってドラガサキスを説得できるほどに、気に入ってくれたかは分からない。この若き党首のジレンマは、後にいくつもの間違いの原因となって現れ、二〇一五年春の私たちの戦闘計画を台無しにすることになる。この日の午後、シリザ本部において、私は彼の表情にその兆候を読み取った。彼は一方では、私の提案がユーロ圏に留まる唯一の突破口だと理解できていたが、他方では、シリザ内部の支配層との対決にまでは踏み切れなかったのである。

個人的には、私の提案はきっと却下されるだろうと思っていた。そうなれば、私にもシリザから距離をおく完璧な言い訳ができる。アレクシスがシリザ内部の誤った考えの虜《とりこ》でいるかぎり、私も外野に留まる決断ができるのだ。乞《こ》われれば批判的な助言を与えるが、彼らの仕事に巻き込まれずに安穏《あんのん》としていられる。三日後の五月二四日、シリザの経済政策を説明するアレクシスのスピーチを読んで、この安心感が深まった。彼らが約束する事柄と、現実のユーロ圏で実現可能な事柄との隔《へだ》たりは、あまりにも大きかったのだ。[17]一時間以内に、私はアレクシスとパパスに酷評の長文メールを送付し、彼らが有権者に約束した内容における無数の論理的欠陥を指摘し、ドラガサキスという人物の資質では説得力ある経済政策を作成することは難しいという、私の評価を述べた。

アレクシスの混乱した公約、ギリシャ寡頭支配層《オリガルヒ》の反シリザ・ヒステリー、メルケル首相が、シリザが政権をとったらどうなるか分かっているのかと剥《む》き出しの脅迫を行ってきたこと。これらがない交《ま》ぜになって、選挙結果はアレクシスを野党に留まらせるものとなった。[18]私はほっとすると同時に、残念だった。ほっとしたのは、アレクシスが準備を整える時間が三～四年ほどできたからであり、残念だったのは、新連立政権がトロイカの言いなりとなってベイルアウティスタン2・0を完成させることが、いまや確実となったことだ。[19]

友情が息を引き取った

ヤニス・ストゥルナラスとは、私がオーストラリアからギリシャに戻ってすぐの頃に親しくなった。私は二〇〇〇年にシドニー大学を辞して、アテネ大学で教授職に就いたのであるが、そこでストゥルナラスはすでに経済学の教授をしていた。[20] 私たちは、経済学研究に関する非公式《インフォーマル》の四人組を作ったのだが、そのメンバーは、私と、ストゥルナラスと、ヨルゴス・クリンパス（上席教授）と、ニコラス・セオカラキス（驚異的な学者で、私の親友）であった。クリンパスはストゥルナラスとセオカラキスの指導教授であり、私を新たな仲間に加えてくれたのである。私はクリンパスの後任として、私たち四人が属する政治経済学科の学科長となった。

　ストゥルナラスはＰＡＳＯＫ政権の頃、政府の仕事があったのでパートタイムで教えていた。このＰＡＳＯＫ政権がギリシャをユーロ圏に引きずり込んだのである。実際、一九九〇年代のユーロ加盟交渉の頃は、ドイツ政府はギリシャを排除したがっていたのであるが、その頃はストゥルナラスが財務省の重要な組織である経済諮問会議の議長を務めており、この会議を使って、ギリシャをユーロ圏に含めてくれるよう、ベルリンやブリュッセルを説得していたのである。[21] ギリシャが無事ユーロ圏に迎え入れられるや、二〇〇〇年にＰＡＳＯＫの首相はストゥルナラスに恩賞として、ギリシャ商業銀行の総裁およびＣＥＯの職を与えた。[22] 彼と私が出会ったのは、この彼のキャリアの最終段階においてであった。

　彼は多忙なスケジュールにもかかわらず、喜んで献身的に学生を指導する役割を果たしていた。経済に対する見方も政治的立場もかなり違っていたが、彼が大学の仕事に身を捧げていたことと、彼と私との馬が合ったことから、友情が醸成《じょうせい》されていった。私が国際博士課程プログラムを立ち上げたとき、ストゥルナラスはサポートしてくれたし、優秀な学生が集まってくれたことを喜んでいた。私たちはさらなるカリキュラムの改革を行ったが、これは腐敗した学生政治家や、些細《ささい》な利害が侵害されたとする同僚の反感を買うこととなった。[23] それでも四人組は、ほかの多くの同僚たちの支援を受けて、断固とした態度をとった。やがて私たちは学外の仕事も協力して行うようになり、週末を一緒に過ごすこともあった。

　二〇〇九年の総選挙は、ヨルゴス・パパンドレウを権力の座へと押し上げた選挙だった。その夜、ダナエと私はアテネ北部のストゥルナラスのアパートで、彼と、その妻と友人たちとともにテレビの開票速報を見ていた。そこにいた八人のうち、ＰＡＳＯＫに投票しなかったのは私とストゥルナラスだけだった。おそらく、ソーセージと同じことで、なかに何が入っているかを知っている者はそれを食わないということだろう。[24] 数か月後、ギリシャは破産し、最初の救済策が実施されることとなる。

　二〇一〇年というギリシャにとって最も重要な年に、ストゥルナラスは劇的な昇進によって世間を驚かせた。ギリシャ国家産業連盟が立ち上げた経済シンクタンクの所長と

wikimedia commons

ヤニス・ストゥルナラス
(Yannis Stournaras)

なったのだ。ギリシャ国家産業連盟は国内最大の権力者のギルドであり、以前から新民主党の保守派と関係があった。実権を握ると、ストゥルナラスは標準的な自由市場主義者の考え方を取るようになった。これは彼が長らくＰＡＳＯＫの内部で信奉していた社会民主主義的原則とは正反対のものであった。この動きは、彼が仲間だったＰＡＳＯＫの社会主義者たちを裏切ったというだけのことではなかった。二度目の救済策によって、ギリシャで大連立政権の成立が避けられなくなった結果として、必然的に実現してゆくことの予兆だったのだ。ストゥルナラスという人間は、中道左派と中道右派が崩壊し、一つの分割不能な、支配層寄りの、トロイカにおもねる政権が成立してゆく道への開拓者《パイオニア》であった。このような政権が具体的な姿を見せるのは、二〇一二年の選挙が終わってからのことである。

二〇一二年五月の選挙から一か月ほど前のことである。私はベルリンからアテネを経由して米国に戻るところだった。ベルリンで私は、ユーロ危機に関する会議の開催に尽力していたのだった。アテネに着くと、私はすぐにストゥルナラスに電話した。翌日私たちは、アクロポリスの麓《ふもと》にあるホテルのロビーのカフェで会った。私たちはハグをし、キスをし、娘やパートナーの話をした。仕事の話になり、私はベルリンで欧州中央銀行やドイツ政府の役人、あるいは金融ジャーナリストのような人たちと交わした議論について説明した。金融屋のジョージ・ソロスとも話をしたと伝えた。ストゥルナラスには、ギリシャ情勢に関する私の分析と、ヨーロッパ全体に対する私の経済政策提言の要点について、ソロスが賛成してくれたことも話した。

続いて、ストゥルナラスと私は、トロイカの対ギリシャ・プログラムについて議論を進めた。ギリシャの破産が、私たちの間に亀裂《きれつ》を生じさせたことは明らかだった。これまでは意見の違いにすぎなかったものが、理論的・実証的・政治的な断絶《クレバス》へと発展していた。ストゥルナラスは、トロイカのプログラムは積極的に実施されるかぎり堅実なものだと主張した。どういうことだと私は聞いた。彼は、いつもと同じ情熱をもって私に説明した。

「簡単なことだよ」と彼は言った。「三つの四の原則に従えば可能だ。四％の経済成長率、四％のプライマリーバランス黒字、そして救済ローンに対する四％の利子率のことだよ」[★25]

私は答えた。「確かにおっしゃるとおりだ。オレが今から指摘する点を除いてはね。四％の経済成長と、四％のプライマリーバランス黒字を、ギリシャ経済が同時に実現することは不可能だよ」。政府が四％のプライマリー財政黒字を実現したいなどと言えば、投資家たちは増税を意識するようになり、彼らの投資が妨げられることになると私は論じた。

議論は収束しなかった。しかし、対立し合う陣営にいる私たちを繋《つな》ぐ架け橋は、私たちの友情しかない。私はこの財産を、より大きな共同善のために膨らませるべきだと信じていた。私は別れ際《ぎわ》に言った。オレたちが友達でいることは、オレたちの責任だと。彼は政府の高位職に就こうとしているようだったが、私の考えは反対方向、すなわち野党として戦う方向に向かっていた。しかしそれ以外には、人間関係のレベルで対立し合ってはならない。彼は賛成し、私たちはハグをして別れたが、今から思えば、中途半端なハグだったのかもしれない。

二か月後、二〇一二年六月の総選挙の直前のことだ。アテネ大学経済学部は、私の退職金なしでの退職申請を検討していた。退職が認められればオースティンに戻り、そこで教えることも可能となる。このような申請はまったく普通のことだし、たいていは教授会での投票も一つの儀式にすぎない。しかし、私の申請の場合は物騒《ぶっそう》な議論を引き起こした。その理由は、ストゥルナラスが教授会に対して次のような質問を提起したことだ。バルファキスの渡米の目的は、ジョージ・ソロス氏とともにギリシャ国債のカラ売りを図ることなのに、なぜアテネ大学は彼の退官を認めるべきなのでしょうか？

国債をカラ売りするとは、その価値が下がることに賭けるということである。つまり、その国の公的債務証書が、投資家たちにとって魅力のないものになるということを、予想していることを意味する。もし十分な数の人々がカラ売りを行っていれば、その国債の信認は低下してゆく。つまりカラ売りが期待している国債価格の低下は、自己実現的なものとなる。ストゥルナラスの奇妙な主張は、私がジョージ・ソロスと共謀《きょうぼう》して、ギリシャ政府の信用力の低下につけ込んで利益を稼ごうと、ニューヨークのマネーマーケットで投機を行っている、というものだ。

私がギリシャ政府を破産させて私腹《しふく》を肥やすような人物だというわけだ。この手の主張は、私の政敵の大好物だ。反ユダヤ主義的右派の陰謀論者はソロスを、ギリシャ正教国を崩壊させるキャンペーンを主導するユダヤ人として攻撃する。二〇一〇年以降、私はギリシャ政府が破産しており、私たちは破産という事実を受け容れるべきだと発言していたのだが、その頃から、彼らは私がソロスの相方《あいかた》ではないかと噂《うわさ》し始め、後には、はっきりとそう主張するようになった。私が初めてこのような主張を耳にしたのは二〇一一年であったが、そのときは面白いなと思っただけだった。だがいまや、ほかならぬストゥルナラスがこの滑稽《こっけい》話にひねりを加えているとは。たぶん、ベルリンでジョージ・ソロスと話をしたというのをネタにしてのことだろう。

単純な事実として、私はこの人生において債券や株式を、カラ売りどころか売り買いしたことさえ、一度もない。それに、二〇一二年春にベルリンのシンポジウムにともに登壇した時以外は、ソロスに会ったことも、連絡をとったこともないのである。

ストゥルナラスの恥知らずな主張を耳にするや、私は電話機を取り出して、彼の番号をプッシュした。腸《はらわた》は煮えくり返っていたが、できるかぎり冷静に、なぜあんなことをしたのかと尋《たず》ねた。彼は即座に謝った。そして、私がソロスのために働いていたという報道から、「ストレス」と「悪影響」を受けたのだと言った。私は彼に、口では謝罪を受け容れると言ったものの、心のなかではもう確信していた。彼はすでにルビコン川を渡ってしまった。私たちの心を行き来させる橋を支える土台は、もう存在しないのだ。

数日後、二〇一二年六月の総選挙が終わって、サマラス連立政権が誕生すると、ストゥルナラスが次期のテクノクラート的な（選挙で選ばれていない）財務大臣に任命されるとのニュースを聞いた。彼はこの職を二年間勤めたが、在職中は二度目の救済策の融資条件を彼なりに忠実に実施していった。厳しい緊縮策が相次いで実施され、政府支出の削減と増税が景気悪化を加速し、結局はサマラス政権を不安定化させた。選挙での勝利から二年も経たない二〇一四年五月の欧州議会選挙では、サマラスの新民主党の得票数はシリザより少なく、世論調査での支持率はシリザを大きく下回っていた。一か月後、ギリシャ中央銀行総裁の任期が切れ、それを期にサマラスはストゥルナラスを総裁に任命した。現政権与党が次の総選挙に敗れたとしても、次のシリザ政権の足を引っ張る意志と能力がある人物を、中央銀行に残しておこうというわけである。実際、ストゥルナラスはそのとおりのことをやった。

今から思えば、二〇一二年四月のホテルのカフェで会ったあの時に、私たちの友情はすでに息を引き取っていたのだ。

サクセス・ストーリー

二〇一二年の暑い夏、ストゥルナラスが財務省の仕事を引き継いでいた頃、ＥＵやＩＭＦの関係者は自分たちの難問を解決しようとしていた。二度目の救済融資はギリシャの二連発の選挙のせいで遅れ、秋までにカネを届けることはできないという。不幸にして、アテネ政府は巨額の返済不能な債務のごく一部として、八月二〇日に三五億ユーロ弱〔およそ四五〇〇億円弱〕を送金せねばならない。金庫が空なのに、どうやって支払うというのか？

トロイカはその気さえあれば必ず方法を見いだすものだ。そのための幻想《イリュージョン》を生み出すための手品は、次のとおりである。読者が手品を十分に堪能《たんのう》できるよう、スローモーションで読み上げよう。

・ＥＣＢは破産したギリシャの銀行に、額面額五二億ユーロ〔約六七六〇億円〕の新たな債務証書（ＩＯＵ）を発行する権利を与える。これは、銀行の金庫が空っぽなので、価値のない紙切れである。

・正気な人間がカネを出してこのＩＯＵを買うわけがないので、銀行家たちはこれをストゥルナラス財務大臣の所に持ち込む。彼はそれに、破産した政府の銅の印鑑で債務保証のハンコを押すのである。もちろんこれは、意味のない儀式である。破産した主体（政府）がほかの破産した主体（銀行）のＩＯＵを本当に保証することはできないからだ。

・銀行家はその無価値なＩＯＵを、ＥＣＢの支店、すなわちギリシャ中央銀行に持ち込み、これを担保として新たな融資を求める。

・ユーログループがＥＣＢに青信号を灯《とも》し、ＥＣＢはギリシャの支店に対して、これらのＩＯＵを担保として受け入れ、その代わりにＩＯＵの額面の七〇％に相当する現金を貸し付ける許可を与える（三五億ユーロ〔約四五五〇億円〕を少し超える金額になる）。

・他方、ＥＣＢとユーログループはストゥルナラスの財務省に青信号を灯し、額面額三五億ユーロ〔約四五五〇億円〕の財務省短期証券（TB, Treasury Bills）の発行を認める。これは政府のＩＯＵであるが、もちろんこれも、政府の金庫は空っぽなのだから、精神が正常な投資家なら絶対に手を出さないものである。

・今度は銀行家が、自らの無価値なＩＯＵを担保に入れてギリシャ中央銀行（実際はＥＣＢそのもの）から受け取った三五億ユーロの現金を使って、政府の無価値なＩＯＵを購入する。

・最後にギリシャ政府がこの三五億ユーロ〔約四五五〇億円〕を受け取って、ＥＣＢにこれを支払う！

この天才的アイデアは、アートとコンの論理をびっくりするほど洗練させたものである。世界中から批難を浴びたウォール街の銀行家のイカサマだってちっちゃく見える。ウォルター・スコット〔一九世紀初頭に活躍したスコットランドの詩人・小説家〕の有名なセリフ、「ああ、我々が編んだ網はこんなにももつれてしまった。初めて人を騙《だま》そうとしただけだったのに」というセリフにも、新たな意味を付け加えることだろう。こんなにも網がもつれていなければ、新しい政権も誕生したことだし、ギリシャには支払能力があって経済は改善に向かっているはずだ、などと世界中が欺《あざむ》かれるはずもなかっただろう。しかし、このような網がいったんできあがってしまえば、すぐにまた次の網が必要となるものだ。

こんなことが行われていた頃、IMFのクリスティーヌ・ラガルドは、ブラジル、インド、日本、マレーシアなど、ヨーロッパ以外のIMF加盟国から圧力を受けていた。IMFはモノマネ遊びをやめろ、ドイツ政府に対して、ギリシャに対する債務再編が行われないかぎりIMFはこの問題から完全に手を引くと言え、というのだ。二〇一二年の秋といえば、二度目の救済策が完成しつつあった頃だが、ついにラガルドが動きを見せた（これは、その圧力がどれほど強かったかを示している）。彼女はストゥルナラスに接触し、一緒にユーログループに出席して、ギリシャの債務を大幅に削減するようドイツのショイブレ財務大臣に要求しようではないか、と迫ったのである。

ストゥルナラスは、このIMFと手を組むまたとない機会に飛びつくどころか、ショイブレにこれを告げ口した。ラガルドが自分に対して、一緒にあなたと話をしようと提案してきたのですが、ドイツの財務大臣としてこれを許してくれますか、と言ったのだ。当然ながら、ショイブレのストゥルナラスへの指示は「お忘れなさい」であった。そして、ストゥルナラスはそのとおりにした。[★26]

その頃、私は米国で銀行家の会議に出席していた。たまたまそこで、私はIMFの大物に出会った。「あの男（ストゥルナラス）はいったい何を考えているのですか」、彼は怒りを露《あら》わにして聞いてきた。「あの人たちには、決着をつけるためのほんの少しでもマシなアイデアはあるのですか？　計画はあるのですか？　まったく理解できませんよ」

彼らに計画はある、と私は言った。ただしそれは、国の経済がうまくいっているという体裁を保ちながら、政権に留まるための計画だ。そのコードネームを、私はグリーク・サクセス・ストーリーと呼んでいる。

グリーク・サクセス・ストーリーは順序だった四つの要素からなる。メルケル・ブースト、投機的バブル、ECBプット、見せかけの債務再編の四つである。最初のメルケル・ブーストは、すでに発動されている。二〇一二年九月、メルケル首相がECBのドラギ総裁（と、おそらく北京政府）にそそのかされて、中国からベルリンへの帰路にアテネに立ち寄ったのである。★27 数時間の滞在中、彼女はサマラス首相の背中を叩きながら、世界中のメディアに対して、グレグジットが提案されることはなく、正しい政権を選んだギリシャはユーロ圏に留まることが許される、という信号を発したのだ。

この寸劇は、ギリシャの資産価値を緩《ゆる》やかに押し上げるには十分であった。二〇一二年五月と六月には、シリザの台頭とアテネのハング・パーラメントを背景にグレグジットの噂《うわさ》が囁《ささや》かれ、資産価格は最低水準をウロウロしていた。以前に説明したように、ギリシャがユーロ圏から追放されれば、すべての価格は新ドラクマ建てに書き換えられることになるが、新通貨の価値はすぐに暴落し、株式、別荘、ヨットの価値は相当に目減りしてしまう。しかし市場には過剰反応する傾向があるものだ。相場は、落ちる時には極端に落ちるし、よいニュースが報じられれば非合理なまでに反発する。メルケル・ブーストはそんな出来事だった。死にかかっていた市場が突然、非合理な活力をもって回復を始めたのだ。

この計画の第二の要素は、もちろんトロイカの合意のもとでだが、ギリシャの銀行業界に投機的バブルを生じさせ、この回復を加速させようとしたことである。そのアイデアはシンプルだ。メルケル・ブーストのおかげで、銀行家たちはギリシャの投資機会の価値が過小評価されていると感じ始めていたので、政府は彼らが拒《こば》むことのできない取引を持ちかけた。ギリシャの破産した銀行の株を今買うとよい。将来株価が上がれば元の安値で株を買い足すことができると保証しよう、しかし株価が下がったときには、その損失は寛大にもギリシャの納税者に吸収させようではないか、と。いったい、これにノーと言える銀行家は存在するのだろうか？

このアイデアは、ギリシャの荒廃した銀行システムに投機資金を流入させ、これを経済回復の証拠として示し、ほかの投機屋を不動産市場に引きつけるというものだ。不動産バブルは、金融バブルに付き物なのだ。トロイカに操られたギリシャの新政権は、沈みかけた船を立て直したことをベルリンとECBに示し、そしてECBにこう要求する。アイルランドや、ポルトガルや、スペインや、イタリアにしてあげたように、私たちの債務を保証してください、と。★28 もし、サマラス首相とストゥルナラス財相がこうした保証を得ることに成功すれば、彼らにとって、新規のギリシャ国債を個人投資家に販売するうえで、妨《さまた》げになるものは何もない。たとえギリシャが泥沼に沈んでいったとしても、投資家の保有する国債の価値はECBに保証してもらえるのだ。すると、ギリシャの有権者たちは次のような声を聞くことになる。あなたたちの国は世界中の投資家に再び信用されるようになったのだから、もはや破産国家ではありません、と。これが計画の第三の要素、ＥＣＢプットである〔確実な値段を保証する仕組みをプットという〕。

彼らの計画の四番目の要素は、（まったく不適切なものだが象徴としては重要な）見せかけの債務再編である。ストゥルナラスがラガルドを敬遠していたころのことだ。二〇一二年一一月に開かれたユーログループ会議では、ショイブレはストゥルナラスにご褒美《ほうび》として、二〇一四年一二月の終わりまでに、あくまで形だけのものだが、債務再編の可能性を約束したのだ。そのための条件は、ギリシャ政府がトロイカのプログラムに忠実であり続け、合意したとおりに実施し、財政収支を均衡させることである。[29]

グリーク・サクセス・ストーリーが経済回復の雰囲気を醸成し、二〇一四年の終わりまでにその雰囲気を盛り上げることができれば、次の総選挙は二〇一五年の初頭だと、彼らは予想していた。[30] しかし、強力なメルケル・ブーストと有望な投機的バブルのおかげで金融指標が改善し、勢いよくスタートを切ったものの、政府の計画は厳然《げんぜん》たる現実の前に立ち往生することとなった。なぜなら、ギリシャの金融株のバブルでうまく利益を上げようとしたジョン・ポールソンのような、ウォール街の投機家の損得勘定に影響する指標は改善したものの、ギリシャの一般庶民の生活に関わる指標はもっと酷《ひど》くなったからだ。

二〇一三年の初めには、政府はグリーク・サクセス・ストーリーをさらに大音量で喧伝《けんでん》し始めた。しかし、実際にはこの年、ギリシャの総所得は悲惨なことに五・六％も縮小する。これは英国やドイツ、米国では革命が起こるほどの数字である。ギリシャは五年連続で大幅なマイナス成長だった。ただし、政府のストーリーが信じられなかったのは、貧乏人だけではなかった。債務再編の代償としてショイブレ首相に約束したプライマリーバランス黒字を実現するために、政府は土地税を導入したのだが、それによって中産階級上位層の支持が失われた。彼らは資産価格上昇で儲《もう》けていたかもしれないが、ほかの人々と同じように、不景気によって所得は減少していたのである。この頃、新しいジョークが流行した。親たちは子どもたちを、いい子にしていないと全財産を譲るよ、といって脅《おど》かしているというのだ。

この頃は、政府も自分たちのストーリーが通用しないことに気づいていたのだろう。サマラス首相の派閥の有力保守政治家は「黄金の夜明け」に接触して、支持を求めることを検討していたという。ナチスの劣化コピーとはいえ、あの極右政党と選挙協定を結ぶことも考えていたのだ。

二〇一四年四月、世論は明確に彼らに反対の意思を示した。欧州議会選挙が近づくと、サマラス政権はＥＣＢプットを打ち出した。ＥＣＢがギリシャ政府の新規国債を保証すると仄《ほの》めかし、ギリシャ財務省はＥＣＢによる影の支援を受けた形で、民間債券市場への復帰と国家破産の終焉《しゅうえん》を高らかに宣言したのだ。数十億ユーロを貸してくれた産業投資家たちは、事前にこのお遊戯《ゆうぎ》に参加することに同意した人たちであった。こんなことに騙《だま》される人間はいない。所得が縮小を続け、政府の借金が増加することは、投資家や有権者には明らかだった。一か月後、欧州議会選挙ではシリザの得票率がトップになった。ギリシャの左派が国レベルの選挙で初めて勝利したのである。欧州議会選挙とはいえ、これは二〇一五年初頭に現実を変える道筋をつけたのだ。

　二〇一五年一月にグリーク・サクセス・ストーリーが破綻し、シリザが政権をとった後、私はドイツのヴォルフガング・ショイブレ財相との面会のなかで、答えを期待することなく、ただ好奇心から次のように尋《たず》ねたことがあった。「ショイブレさん、サマラス〔政権〕に対する支援をやめる決心をつけたのは、いつのことでしたか？」

「二〇一四年六月ですよ」と、彼は躊躇《ちゅうちょ》なく、拍子《ひょうし》抜けするほど正直に答えてくれた。

　それには納得《なっとく》がいく。サマラスは、ＥＣＢの側面支援を得て国債を発行し、四月から景気回復を演出していたにもかかわらず、二〇一四年五月の欧州議会選挙に敗れたのだ。ショイブレから見ればサマラスはレームダックだ。ギリシャの国会に法案が提出されるたびに、サマラスのギリギリの過半数が崩れてしまうのではないかと心配することに、ショイブレは疲れていたに違いない。さらに、欧州議会選挙に敗れてから、サマラスはいくぶん熱意を失い、トロイカの命令をシャキシャキと実行しなくなった。ショイブレは間違いなく、心の底から面白くなかったであろう。その月に、サマラス政権を見捨てたのも不思議ではない。

　二〇一四年六月に、ストゥルナラスが財務大臣からギリシャ中央銀行の総裁に移ったことも偶然ではない。彼もまた、沈む船を見捨てたのだ。

五本柱の戦略

　二〇一三年を通じて私は、オースティンの安全地帯からではあるが、アレクシスが党内の争いを収めつつ信頼性のある政策をまとめられるよう、できる限りのことをした。この年の最初の仕事は、アレクシスにワシントンＤＣで仲間を作る機会を与えることだった。権威あるブルッキングス研究所で、彼が演説を行うというわけだ。パパスが演説原稿を書いてくれというので、私は喜んでそれを引き受けた。この演説で、今ではよく知られているが重要な二点を、米国の政策決定者

wikimedia commons

エフクリディス・ツァカロトス
(Euclid Tsakalotos)

に伝えることとした。[31] 第一点は、シリザはヨーロッパ統合支持派の政党であり、ギリシャがユーロ圏に留まるためにできるだけのことをする意志がある、ということだ。しかしそれは、間違った、自滅的な政策を受け容れることを意味しない。ギリシャがユーロ圏に留まるためには、いや、実際にはユーロ圏が生き延びるためには、何よりも債務再編を前面に押し出した新たなプログラムが必要であり、それに続いて、ギリシャの寡頭支配層《オリガルヒ》にギリシャ経済の締め付けをやめさせるための構造改革が求められるのだ。第二点は、米国はシリザ政権の経済政策や外交政策を、何ら恐れる必要はないということだ。私は後に、ジェイミー・ガルブレイスとともに発表した『ニューヨーク・タイムズ』紙の論説記事のなかで、この点を改めて強調した。[32] 前の所で述べたように、私の考えでは、ブリュッセルやフランクフルト、ベルリン、パリとの戦闘を開始するならば、ワシントンに対しても喧嘩を売るのは間違いだ。もちろん、これを私が米国の手先だと批判するきっかけにしたい人たちは、シリザのメンバーを含め、ギリシャにはたくさんいた。

　二か月後の二〇一三年三月、キプロスからのニュースに私は驚愕《きょうがく》した。私は不安に駆られて、即座にパパスに対して長文のeメールを書いて送り、彼とアレクシスの目に触れるようにした。「キプロスで起こっていることを、真剣に受け止めてください。これは、あなたたちが政権を取ったときに、トロイカがあなたたちに対して実行することの、リハーサルだと私は考えています」。キプロスでは選挙により新政権が成立した。その翌日、トロイカはこの島国の銀行を閉鎖し、新大統領に対して、銀行再開の条件を突きつけたのである。不意を突かれておずおずと、新大統領は降伏文書に書名をした。

　私は説明した。「彼らがいまニコシア（キプロスの首都）に対してこの戦術を試しているのは、キプロスが重要だからではなく、比較的重要性が低いからでしょう。だからこそ、彼らの新たなバズーカを、あなたたちや、スペインやイタリアなどにいる私たちの仲間たちに向けて発射する前に、キプロスはこれをテストする絶妙な射程距離にあるわけです。これは見せしめです。これでトロイカが銀行を狙い撃ちにし、各国政府に対して、とりわけ選挙で新たに選ばれてちょっとでも主権を取り戻そうなどという政府に対して、自分たちの考えを押しつける意志と能力があることが分かりました。よくこれを見て、教訓として下さい！」

次の日、アレクシスと私は電話で話をした。彼の声はかなりの動揺を伝えていた。

「彼らのやり方を阻止するために、私たちにできることはあるのでしょうか」と彼は聞いてきた。

「あります。でも、それを阻止するための正しい戦略を作るだけでなく、それを実施できる緊密なチームを作ることが、あなたには必要です」と私は答えた。

「提案を送って下さい」、それが彼の最後の言葉だった。

wikimedia commons

ヨルゴス・スタサキス
(George Stathakis)

私は個人的に、それを送ることを約束した。

その五月、アテネの国会議事堂にあるアレクシスの広々とした事務室のなかで、私は初めて彼の経済政策チームと会談をした。パパスと、影の財務大臣であるドラガサキス以外に、二人のシリザ国会議員がいた。私は彼らをよく知っており、好感を持っていた。エフクリディス・ツァカロトスはアテネ大学の親しい同僚であり、ヨルゴス・スタサキスはクレタ大学の経済学教授である。この会談で私は、アレクシスの注文に応《こた》える提案を披露《ひろう》した。これは、二〇一二年六月に私が提示した戦略ペーパーの拡張版、題して「持続可能なユーロ圏における持続可能なギリシャのための五本柱の戦略」である。部屋は熱気に包まれていた。それは、グレグジットを目的や脅しの材料にすることをやめるように、アレクシスを説得した私の努力が無駄ではなかったことを示していた。私はシリザの政策目的からグレグジットを消し去る役割を果たした結果、シリザ内部や広い意味での左派のなかで、それを容認できないとする多くの友人を失った。しかし、アレクシスの経済政策チームは明らかに、ユーロ圏のなかでの堅実な解決策を熱心に追求していた。五本柱の戦略の目的は、これがただ望ましいだけでなく実現可能であること、また、キプロスへの攻撃のような事態は避けられるし、どうすればそれが可能なのかを、彼らに説得することであった。第一は、相手の攻撃に対する抑止策である。

(一) ECBの来襲を阻止して銀行を営業させる

二〇一二年の終わりから、ECB総裁で策士のマリオ・ドラギは、亀裂の入ったユーロを何とか修繕《しゅうぜん》しようとして、イタリア、スペイン、アイルランドをはじめとする欧州の失敗国家の債務の山を、国債の形で買い上げる約束をしている。この計画にアンゲラ・メルケル首相からゴーサインをもらってはいたが、ドラギの最大の障害はドイツの中央銀行、ドイツ連邦銀行《ブンデスバンク》であった。ブンデスバンクの総裁はギリシャやイタリアの債務を買い上げるというドラギの権限と権威に異議を申し立てた。実際、買い上げはECBの定款《ていかん》に違反するので、ドラギはそれを迂回する天才的な手法を編み出さなければならなかったのだ。ブンデスバンクはこの問題をめぐり、ドラギを裁判所に訴えた。難しい訴訟の結果として、債務を買い上げるというドラギの約束が反故《ほご》にされたなら、ユーロを延命させる唯一の方法が消滅することになる。ドラギに対するブンデスバンクの議論は、国債の購入から生じる損失を容認する法的根拠をドラギは有していないというものである。ギリシャ政府の付け入る隙《すき》はここしかない。ECBの帳簿には数百億ユーロものギリシャ国債が残っているが、これは二〇一〇年から二〇一一年の間に証券市場プログラム(SMP)の一環として、ECB前総裁の下で買い上げられたものだ。[★33] シリザに対する私の助言は、もしECBがギリシャの銀行を閉鎖すると言って脅迫してきたなら、ギリシャ政府はこのいわゆるSMP国債を一方的に踏み倒《ヘアカット》すべきだということだ。その結果、ユーロ圏を守るという名目でフランス、イタリア、スペイン、アイルランド、ポルトガルの国債を購入するというドラギの計画に対する、ブンデスバンクの訴訟上の立場は強くなる。[★34] ギリシャ政府としては、ドラギにその意図を明確に示すべきだ。[★35] こうすればドラギは、キプロスでやったのと同じことを、なかなかギリシャに対してはやれなくなるだろう。

(二) 破産した銀行を無力化する

パパスとアレクシスと私がかつて議論したように、ベイルアウティスタン2・0を解体するためには、ギリシャの銀行を新たな所有者に、すなわちヨーロッパの納税者に引き渡し、銀行の負債を政府の債務から切り離すことが必要だ。したがってシリザ政権は、銀行の株式と経営権を、ヨーロッパのすべての人々のために銀行の建て直しをはかる欧州連合の機関に引き渡すことができるよう、トロイカと交渉すべきなのだ。そのためにシリザがすべきことは何か。左派の人々は銀行の社会化を信奉しているのに対し、リバタリアンたちは権力を持たない納税者たちから吸い上げた資本で破産した銀行にてこ入れするという考えを嫌悪している。シリザはこの左派の人々とリバタリアンたちとの同盟を成立させる必要があるのだ。

(三) 賢明な財政政策と債務再編提案

よい時期も悪い時期も、自らの資力の範囲内で国家を運営することを、シリザ政権は高らかに宣言すべきだ。専門用語で言えば、それは国民所得の一・五%を超えない若干のプライマリーバランス黒字を意味する。これは、返せない公債を返済するには十分ではないが、民間部門に回復の機会を与えつつ政府の健全性を維持するには十分な水準である。その前提条件として、一・五%のプライマリーバランス黒字とさらなる債務返済が両立するよう、シリザ政権は十分な規模の債務再編を提案せねばならない。この最後の点に関するユーログループやトロイカとの交渉の最中は、シリザ政権には、現金不足を乗り切るために、収支を合わせるのに必要な分だけ、最高所得層や最も優遇された年金を得ている人々に負担を求める用意をすべきだ。

(四) 人道上の危機に対処する緊急対策

他方でシリザ政権は、最も打撃を受けている数十万世帯に対して、即座に食料やエネルギー、住居を供給すべきだ。かのランブロスのような、底辺に転落しそうな人々への対処が、政権にとって最優先の課題なのだ。既存の身分証を、デビット決済が可能なスマートカードに置き換えることは、さほどコストをかけずに実現できる。絶対的貧困水準を下回る世帯には、この機能が使用できるようにし、スーパーマーケットでの使用や、電気や家賃などの生活費の支払いができるようにするのだ。

(五) ユーロ圏を堅実化するための穏健な提案

革新的なヨーロッパ統合主義者として、シリザ政権はギリシャのみの代表として交渉すべきではない。ヨーロッパ全体のための公的債務対策や銀行政策、投資政策、貧困対策の包括的な提案を持って、ブリュッセルに向かうべきである。それは、ユーロ圏を持続可能にするための不可欠な提案だ。この目的を達成するために、シリザ経済チームに対して私が助言したいのは、スチュアート・ホランドやジェイミー・ガルブレイスと私が数年かけて書き上げた「ユーロ危機を解決する穏健な提案」を採用することである。

私は集まった人々に語った。これらの目標を実現するために、皆さんの政権は、ギリシャだけでなく、全ヨーロッパ諸国にとって有益な、包括的な提案を持ってブリュッセルに行かなければなりません。アテネははっきりと、これ以上の「まやかしの追い貸し」は絶対に受け容れないと宣言しなければなりません。ＥＵやＩＭＦの関係者には、ユーロ圏に留まる約束と妥協案をもって、皆さんが交渉に臨《のぞ》んでいることを理解させなければなりません。しかしまた皆さんは、必要とあらば、どんな脅迫を受けても、交渉の決裂をも辞さない覚悟があるということを、彼らの肝に銘じさせる必要があります。なぜなら、そういう覚悟がなければ、そもそも交渉の部屋に入る意味などないのですから。

アレクシスとパパスは満足だったようだ。エフクリディスとスタサキスも、概《おお》ね賛意を示してくれた。ドラガサキスが核心を突く質問をしてくれた。「ハッタリではないことを、ユーログループやＥＣＢやトロイカに確信させるためには、どうすればいいのですか？」まったく的を射た質問だ。すべての戦略はこの点にかかっているからだ。

私の返事はこうだ。シリザの選好と優先順位が広く世間に知られていなければなりません。つまり、シリザ政権は何よりもユーロ圏内での堅実な協定を望んでいるが、降伏という最悪の結果よりは、グレグジットという恐ろしい結果の方を望んでいるということを、一般常識化させなければならないのです。もしこの選好の順序が広く知られていれば、巨額のコストと法的問題を発生させるグレグジットという事態に陥ったとしても、その批難の矢面に立つのはＥＵとＩＭＦだけです。その際には、その選択を下したのは彼らの方だということを、誰もが理解しているに違いないからです。

もちろん、シリザの真の選好が知られていたとしても、ＥＵやＩＭＦがあの手この手でアレクシスの決意をテストしてくることは間違いない。それに、ＥＵやＩＭＦが究極的には、シリザ政権と協定を結ぶことよりは、ギリシャをユーロ圏から追い出すことの方を選好するかもしれないし、アレクシスを追い詰めて偶発的なグレグジットを引き起こさせるかもしれない。建設的な議論を長時間続け、私たちは可能性のあるこれらのシナリオを検討したが、私が明確にしたのは次の点だ。「これらの選好が真正なものだということを、ユーログループやＥＣＢ、トロイカに確信させることができるかどうかにかかわらず、これらの選好がシリザの真正なものでなければ何の意味もない。それは、彼らの間でしっかり議論してまとめ上げるべきことだ。私は言った。

「サマラスる」ことが、つまり彼のようにトロイカに降伏することが、ユーロ圏から追い出されることよりも遥かに悪いことだということを、皆さんは本当に骨の髄《ずい》から確信しているのでしょうか。もしそこがはっきりしないのなら、サマラス首相に続投してもらう方がいいでしょう。債権者たちと対決するために政権をとったとしても、トロイカに呼ばれた瞬間に降伏して、彼らの非人間性を批難するだけに終わるのなら、何の意味があるでしょうか？　グレグジットよりも降伏の方がさらに悪いということを確信して、ハッタリをかますつもりなどないと断言できる場合のみ、権力を獲《と》るようにしてください。その場合に限って、ギリシャが持続可能な形でユーロ圏に留まるチャンスをつかみ、グレグジットを永久に拒否できるようになるのです。

パパスは私を見送るさい、左から私の肩を抱いて言った。「見事なお話でした。今日から私たちは、あの路線で行きますよ」

不安はつのる

二〇一三年六月一一日の夜一一時頃のことだ。テレビ画面が突然フリーズした。政府が三つの国営テレビ局と、すべての地方ラジオ局、国営ラジオ局、それに在外ギリシャ人向けにギリシャの番組を放送する衛星放送局を、すべて閉鎖する決定をしたというニュースを報じている最中だったが、そのキャスターの静止画像を二時間にわたって放送し続けたのだ。これは例えていうなら、BBCのすべてのテレビチャネルが突然真っ黒になり、同時にすべてのBBCラジオ局が中断するのと同じことだ。

私は自分の目と耳を疑い、ギリシャのファシスト独裁者がクーデタのさなか、国営テレビ放送を掌握した時のことを思い出した。彼らは少なくとも、軍歌とギリシャ国旗を放送するという手間を惜《お》しまなかった。ベイルアウティスタンでは、トロイカの傀儡《かいらい》政権はただただ二時間にわたって画面をフリーズさせたのだ。その後、ギリシャのテレビ画面は真っ黒になった。この真っ黒な画面は、サクセス・ストーリーの失敗が明白になった後、新政権が権威主義的な路線に転換したことを、ずばり暗示するものだった。

画面が真っ黒になって数分のうちに、（私が二〇一一年いらい出入り禁止になっていた）ERTのビルにデモ隊が侵入し、一か月にわたる占拠を開始した。それはシンタグマ広場の精神を再び燃え上がらせるものだった。翌日、ダナエとジェイミー・ガルブレイスと私はテッサロニキに飛び、ERTの地方スタッフに対する支援を行った。そこでは、ホールの大観衆に向けて私がスピーチを行い、ジェイミーとアレクシスがそれに続いた。私は数千人のデモ隊の一人として、そしてスタッフたちがインターネットを通じて放送してくれた非公式の番組のゲストとして、ERTに戻ってきたのだが、それは本当にほろ苦い経験だった。

私は、この出来事によって背中を押された気がした。シリザ経済政策チームとの会合が終わると、その夏が過ぎるまでには、首尾一貫したアジェンダのようなものが私のなかで明確になってきた。二〇一三年の一一月、ジェイミーと私はテキサス大学で、「ユーロ圏は救えるか」というテーマで二日間の会議を行った。アレクシスとパパス、スタサキスが出席し、演説したが、反応はかなりよかった。この会議の眼目《がんもく》は三人のシリザのリーダーたちを、ヨーロッパや米国の有力者、労組の代表、学者やジャーナリストたちに紹介することだった。

これはまた、アレクシスが五本柱の戦略のロジックをどれほど自分のものにできているかをテストするよい機会でもあった。会議のなかで、アレクシスとパパスは、私とハイナー・フラスベック（ドイツの左派経済学者で、かつてシュレーダー政権の財務副大臣であった人物）との間の激しい討論を聞いていた。フラスベックは、ギリシャがユーロ圏に留まるかぎり、債務者の刑務所から解放されることはありえないと論じた。彼はグレグジットが、シリザ政権の目的として適切なものだと、あるいは債権者に対する脅しの材料としては最高のものだと主張したのである。これは、シリザ中央委員会の三分の一のメンバーが支持する公式派閥である、左派プラットフォームの見解と同じだった。[★36] このオースティンの会議で私は確信した。アレクシスもグレグジットを拒否していた。グレグジットを脅しに使う人間がいるとすれば、それはシリザではなくトロイカだというのが、彼の信念になっていたのだ。

その冬、サマラス政権は何とか「サクセス・ストーリー」を売り込もうともがいたが、ギリシャ経済はさらなる泥沼に沈んでいった。二〇一四年四月、ストゥルナラスが投資家に対して、ECBが暗黙の保証を与えるギリシャ国債を売りつけている傍《かたわ》らで、サマラスが最後の万歳を叫んだ。二〇一四年五月には、欧州議会選挙でシリザの得票率が一位になり、だまされる者は誰もいないということが明らかになった。その一か月後、ヴォルフガング・ショイブレがサマラス政権を見捨てた。変化の気配が漂っていた。

その六月、私はこの夏をギリシャで過ごすべく帰国し、アレクシスと彼の経済政策チームと面会して、新たな脅威について警告した。これは、通常なら差し障《さわ》りのないECBのプレスリリースのなかで、小さな活字で書かれていたことだ。ECBは近い将来、救済策を受けている政府が保証している銀行のIOUを、新規貸し付けの担保として受け入れるのをやめると宣言していたのである［この重大な政策転換は、本書を通じて「適格担保要件の適用除外《ウェイバー》の停止」という用語で登場する、ECBによる最大の脅しである］。言い換えれば、ギリシャの四大銀行がその日銭《ひぜに》を工面《くめん》する大がかりな手品《イリュージョン》の、最も重要なタネが使えなくなるということである。その新政策が実施される期日を見て、私の頭のなかで非常ベルが鳴った。二〇一五年三月、そのときギリシャ大統領の任期が終了し、次の総選挙が実施される。そのとき、シリザがほぼ確実に政権を獲《と》るはずだ。

私は、爆弾ともいうべきECBのプレスリリースを手渡した後、アレクシスやパパス、ドラガサキス、エフクリディス、それにスタサキスに尋ねた。「そしたら、何が起こるか分かりますか？」私の警告は以下のとおりだ。シリザが権力を獲った次の日、マリオ・ドラギは電話をかけてきて、「以前から申し上げていたように、ギリシャの銀行の健全性は否定されます、その効力はすぐに生じます」、というニュースを伝えてくる。シリザが政権を獲るや否や、いかなる警告も理由も発することなく、ギリシャの銀行を閉鎖できるだけの条件を、ECBは整えてきたというわけだ。

ドラガサキスの表情が暗くなった。「それで、何が起こるのですか？」

私は説明した。銀行が営業を続けられる唯一の道は、ギリシャ中央銀行が裁量権を発揮《はっき》して、緊急流動性支援（ELA）と呼ばれる制度を用いて、銀行への貸し付けを続けることだけです。ギリシャ中央銀行は実質的にはECBの支店なので、その場合にも現金はECBから送られてきます。それは間接的な資金供給で、高い利子を支払うべきものですが、究極的にはこれも遮断されるおそれがあります。[★37] でもそれ以前に、こうしたことが起こるまでに、私たちは、ある障害物をすぐに処理せねばなりません。

私は尋ねた。「これは偶然でしょうか？　いまから三日前にサマラス首相は、ストゥルナラスの財務大臣職を解いて、中央銀行の総裁に就けましたよね。これは明らかに、皆さんの勝利を予期しての計略ですよ」

その時、アレクシスは怒りを露《あら》わにした。「おれが首相になったら、まず最初にストゥルナラスに辞任を要求するつもりだ。おれはあいつを中央銀行総裁の座から引きずり下ろす。必要なら、蹴《け》飛ばしてでも、怒鳴りつけてでも」。パパスはこの問題について、もっと過激な解決策をいくつも提案した。

私は、誰が中央銀行総裁に座るかは、重要な問題ではないと言った。シリザ政権がまず行うべきことは、ドラギが銀行を閉鎖することを何としても防ぐことだ。私が昨年発表した「五本柱の戦略」の第一項で述べたように、ECBが銀行を閉鎖させれば、アテネはユーロ圏崩壊のきっかけになるような手を打たざるをえない。このことを、シリザはドラギに対して明確に示す必要がある。問題は、シリザがそれを行う覚悟が、つまりストゥルナラスだけでなく、アリスやゾルバのような国内の銀行家など、ドラギの側につくすべての連中と

wikimedia commons

ヤニス・ドラガサキス
(Yannis Dragasakis)

の対決を辞さない覚悟があるかどうかだ。

アレクシスとパパスは興奮気味に、対決をためらうことはないと答えた。エフクリディスは左派でいちばん闘争的な人物して知られていたが、もちろんこれに同意してくれた。しかしドラガサキスは、この間の付き合いから、私が予想できたとおりの反応を示した。「よいシナリオをベースに話を進めましょう。まあ、対応を迫られた時には考えましょう」

一週間後、アテネのビザンティン・クリスチャン博物館前の大きな広場で、アレクシスと私は多数の聴衆の前に立ち、「ユーロ危機を解決する穏健な提案」のギリシャ語版を発表した。アレクシスの仲間たちは全員それを聞いていた。ドラガサキスも最前列に座って聞いてくれていた。この戦略に対する支持を表明してくれたのだ。

数日後、アレクシスとパパスと私は再び会合をもった。

「先生、分かっておられますか」とパパスは聞いた。「先生が提案されている交渉戦略を主導できる人物は、先生を置いてほかには誰もいません。先生、やっていただく覚悟はありますか？」

私は、一緒に戦う約束はすでにしましたが、私なら政治プロセスに天下りしてくるような専門家は信用できませんね、と答えた。正直なところ、私には根本的な懸念があった。国のために交渉するには、民主的な負託《ふたく》が必要だ。「穏健《おんけん》な提案」は私の個人的な信念を表明したものであり、私には政治プロセスを迂回《うかい》して経済政策を進めることを正当化するつもりはまったくなかった。経済こそが最も政治的な領域だからだ。それに、ドラガサキス、エフクリディス、スタサキスは何十年もかけて、ゼロからシリザを立ち上げてきた人間たちだ。彼らは党の尊敬を集めている。それに比べれば、私は彼らの代理人にすぎず、交渉を行うだけの権威が欠けているのだ。最後に、シリザ内部の政治的優先順位と、信頼されうる政権の公約との間の齟齬《そご》に関して、私の懸念は消えていなかったのだ。

一週間後、英国の大学に通っていた頃からの親友であるヴァシリ・カフロスが、私の疑念に油を注いだ。彼は言った。分かっているのか、ドラガサキスは銀行家たちと極めて親しい関係にあるんだ、それを知らないのは君だけだぞ、と。私は信じられないと答えた。「ヴァシリ、証拠はあるのか」

「証拠はないが……彼が共産党にいた頃から、銀行家たちと親しい関係を築いていたことは、みんな知っていることだよ」

私はこの批難は間違いだと考えた。だが、この疑念は私の脳裏《のうり》に蛇のように付きまとい続けた。それでも私は、自分の解決能力を超える問題については、思い悩むようなことはしないと心に決めた。悪魔の弓をまっすぐにするのは、選挙で負託を受けた人たちの仕事だ。いまから私にできるのは、せいぜい、彼らのために罠《わな》のありかを指し示し、それを避ける方法を教えることぐらいだ。

4. 立ち泳ぎ
Treading water

サロニキ湾の入り江の、海面からそそり立った三つの巨岩を、船乗りたちは石の船と、あるいは石船と呼ぶ。その岩から一マイルほど沖合のボートから見れば、あたかもそれは、霊験《れいげん》あらたかなポセイドン寺院があるスニオン岬に向けて、ゆっくりと進んでゆく幽霊船のようだ。沖合の航路帯ギリギリの石船のそばで、深い群青《ぐんじょう》色の海面を泳ぐことは、ぞくぞくするような体験だ。

二〇一四年八月、石船から五〇メートル離れたあたりで、アレクシスと私は立ち泳ぎをしながら、話をしていた。野次馬たちからは十分な距離をとっていた。ここで、信頼のことが話題になった。アレクシスは、アリスやゾルバといった銀行家に対する猛攻を仕掛けるに当たって、自分のチームを信頼していたのだろうか？　彼は仲間たちが、グレグジットを恐れることなく（それを望むこともなく）トロイカと交渉できると信用していたのだろうか。ギリシャの寡頭支配層《オリガルヒ》が凶暴化したときに、トロイカがギリシャの銀行を使って彼らの首を絞めようというときに、アレクシスたちは持ちこたえることができるのだろうか？

アレクシスはいつも、楽観的なことを言って問題をはぐらかすのがうまい。私は疑念をぶつけて彼をびっくりさせることのないよう気を付けていた。だが、ヴァシリの言葉のせいで大きく膨らんでしまった疑問については、ここで問い糾《ただ》さないわけにいかなかった。

私はできるだけ無関心を装いながら切り出した。「なあアレクシス。ドラガサキスが銀行家たちとベッタリだというようなことを、言う人間がいるんだよ。それにね、あの男はオレたちの計画に賛成しているようでいて、ホントのところは、現状維持をはかろうとしているような気がするんだ」

彼はすぐには答えなかった。代わりに遠方のペロポネソス山を望み、しばらくしてこちらを向いた。「いや、おれはそう思いません。彼は問題ありませんよ」

彼の簡単な返事を、私はどう解釈してよいのか分からなかった。同じような疑問を抱きつつも自分の先輩を信頼していたのか、あるいは私の質問をはねつけただけなのか。未《いま》だに私には分からない。いずれにせよ彼は、次のように言い続けた。先生には選択肢はありません。そのときが来たら、交渉の主導的な役割を先生に引き受けてもらうしかないのです。

再び疑念を口にすることが憚《はばか》られたので、私は、こう返事をした。「分かった。アテにしてくれ。ただし一つだけ条件があるんだ」

アレクシスは微笑んで、「何でしょうか?」と聞いた。

「選挙のときまで、シリザの経済政策については、オレが大きな発言権を持つということだ。二〇一二年の失敗をくり返すわけにはいかないからね」

アレクシスは、私をメンバーに加えるようパパスに指示すると、そして経済政策について何らかの発表をする際には必ず事前に相談すると、約束してくれた。ここで、アレクシスのパートナーのベティとダナエがいる場所に戻るべき時が来た。頼りなげに錨《いかり》を下ろした小さなゴムボートの上で、彼女たちはずっと待っていたのだ。

血と汗と涙

一か月後、オースティンに戻っていた私は、アレクシスがテッサロニキで重要な演説を行い、シリザの経済綱領《こうりょう》を説明したというニュースを聞いた。私はびっくりして、そのテキストを入手して読んだ。腸《はらわた》に嫌悪感と憤《いきどお》りが充満した。私はすぐに仕事を始めた。私の記事は三〇分もたたずに完成した。それが公表されるとすぐに、サマラス首相が議会内のシリザを批判するために、これを活用した。「お前たちの経済学の師匠であるバルファキスでさえ、お前たちの約束はインチキだと言っている」というわけだ。まあ、そのとおりだったのだから仕方がない。

アレクシスの演説はテッサロニキ・プログラムと呼ばれた。これは、志《こころざし》はよいとしても支離滅裂《しりめつれつ》で、アレクシスとパパスが賛成した「五本柱の戦略」とも矛盾するものだった。それは、賃上げと補助金、社会保障給付、投資を約束していたが、その財源は空想的なものか、そうでなければ違法なものだった。そのうえ、約束してはならないことが約束されていた。なかでもこの演説は、ギリシャがユーロ圏に残るべきだと主張しながら、そのための合理的な交渉戦略に反することを言っていたのだ。こんなガタガタな綱領に細々《こまごま》と批判する意味もないと考えて、私は次のような記事を書いた。

私は、アレクシス・チプラスからはもっと違った演説が聴きたかったと、心の底から思っています。たとえば、「なぜ私たちに投票すべきなのでしょうか？」と問いかけ、「なぜなら、私たちは三つのことしか約束しないからです。それは、血と、汗と、涙です！」と答えるものです。

血と汗と涙とは、一九四〇年にウィンストン・チャーチルが英国の舵《かじ》とりを任《まか》されたとき、戦争に勝利するために必要な国民の支持や支援と引き換えに、約束したことです。

血と汗と涙は、尊厳と真実に対する静かで無慈悲な攻撃の終わりを、私たちギリシャ人だけでなく、ヨーロッパのすべての人々に期待させるものです。

血と汗と涙を流す覚悟が、国の再建を果たそうとする私たちには問われています。私たちが債務者の刑務所のなかで、早期釈放《しゃくほう》に期待する模範囚《もはんしゅう》のように振る舞えば、そして返済の原資となる所得を減らしながら、債務をもっと増やそうとすれば、国の再建は不可能となるのですから。

私たちに投票してください。政府の大臣たちの口から真実を聞くために。物乞いもせずハッタリもかまさないような代表者をヨーロッパに送り込むために。そのためなら、私たちがたとえ血と汗と涙しか約束できなくても、それが真実を聞くための十分な対価だと思って、私たちに票を投じてください。私たちは、これまでどの政権も採用してこなかった政策を実施します。それは真実を語るという政策です。

権力に真実を語り、
仲間に真実を語り、
ヨーロッパの人々に真実を語り、
ギリシャの銀行の無残な状況に関する真実を語り、
私たちの「黒字」に関する真実を語り、
投資の欠如について、真実を語ること、

さらに、最も残酷な真実を語ります。破綻した政府、破綻した銀行、破綻した企業、そして破綻した機関が死の抱擁《ほうよう》を続けるかぎり、回復の見込みはゼロだという真実を語るのです。

最後に、投票を前にして、これだけは知っておいてください。私たちは選挙での敗北よりも勝利を恐れています。勝利するかもしれないと思うだけで、とても不安になります。しかし、もし皆さんが、真実と尊厳の対価として、約束どおり血と汗と涙を流せと言って、私たちに投票する意志を固めて下さるなら、もし皆さんが皆さん自身の不安を克服してくれるなら、私たちも、この国の政権を担い、絶望からの解放へ導くべく、自分たちの不安を克服することを約束します。★1

この記事が公表されたことで、私の敵も味方も同じように、シリザ指導部と私との短期間の儚《はかな》い関係は終わったと考えた。私も同じように考えていた。ところがパパスは数日後に電話をかけてきた。快活そうな声で、何事もなかったかのようだった。私は意地悪く、あの記事のせいですべてが変わったのではないかと尋《たず》ねた。

「何も変わりませんよ」と、彼は屈託《くったく》なく答えた。「先生には、実際の経済政策を作っていただかないと。テッサロニキ・プログラムはスローガンにすぎません。そういうことです」

私はイラッとして、ちょっとした説教を始めた。仲間たちの支持は決定的に重要だ、ウソをつけば支持が得られなくなるぞと、私は強調したのだ。しかし彼は臆面《おくめん》もなく、不気味な口調でこう請《う》けあった。「党の政策と、政府の政策は別なのです。先生には政府の政策をお願いします。党の政策は私たちに任せて下さい」

テッサロニキ・プログラムには誰が関わっていたのか、と聞いた。パパスによれば、ドラガサキスが監督し、エフクリディスがサポートしたとのことだ。ドラガサキスの名前には驚かなかったが、エフクリディスが関わっていたと聞いてがっかりした。私の友達なのだから、もっとちゃんと理解していてほしかった。それで、「こんな無茶苦茶な文章を誰が書いたにせよ、どんなにきちんとした交渉戦略を立てても、この文章が邪魔《じゃま》になるぞ」と、私は強い口調で言った。

受話器を置いたとき、私はあまりに喉《のど》が渇いていたので、ダナエにこの話をする前に、水を何杯も飲まないといけなかった。党の指導者たちはお互いに一つのストーリーを語り、忠実な党員たちはまったく別のストーリーを聞かされている。敵方《てきがた》が団結し、強大で、決意を固めている時に、これでは混乱と分裂、敗北は必至だ。ギリシャの人々に対しても、トロイカの役人に対しても、ＥＵやＩＭＦの指導者に対しても、ベルリンやワシントンに対しても、それに、国際的な報道機関に対しても、マーケットに対しても、私たちが発表する物語は一つでなければならない。分裂を起こさず、信頼でき、曲げようのないメッセージでなければならない。今後の交渉のなかで、パパスやアレクシスの戦術は破綻するに違いないという私の意見を聞いて、ダナエはきつく、こう言った。

「関わり合いになってはダメよ」

私は同意した。

距離を置こうという決断をしたおかげで、私はしばらくの間は平穏《へいおん》でいられたが、それも数か月しか続かなかった。二〇一四年一一月下旬、フィレンツェでの会議に向かうため飛行機に乗る準備をしているときに、また電話が鳴った。パパスだった。私がイタリアに向かうと知って、オースティンに戻る前にどうしてもアテネに立ち寄って下さいと彼は言った。「何が何でも来てほしいんです」。私は渋々とチケットを変更した。

フィレンツェでは、集まった不安げなイタリア人官僚や銀行家、学者たちに対して、「穏健な提案」の改訂版の説明をした。これは、EUの既存のルールの範囲内で即座に実施でき、イタリアやギリシャだけでなく、ヨーロッパ中でユーロ危機をただちにストップできる政策パッケージだ。[★2] 翌朝、私は列車でローマに向かい、そこからアテネに向かう飛行機に乗った。アレクシスやパパスは何を用意して、私を待ち構えているのだろう？　空港にあった新聞は、選挙が近づいているという噂《うわさ》で持ちきりだった。シリザの友人たちは、私の記事を読んで、何かメッセージをつかんでくれたのだろうか？

タクシーは空っぽのアパートの前で私を降ろした。私はスーツケースを部屋に置いて、バイクに乗った。三か月も放っておいたのに、すぐにエンジンがかかったので嬉《うれ》しかった。一五分後に、アレクシスのマンションの下でバイクを停めた。入り口では二人のガードマンが歓迎してくれた。エレベーターで最上階まで上がると、アレクシスとベティが、元気な二人の子どもと一緒に住んでいる部屋がある。パパスとドラガサキスもそこにいた。まだ夕方だった。

私がようやくそこを後にしたのは、次の早朝のことだった。アパートに戻ってスーツケースを拾い、タクシーに乗って空港に向かい、オースティンへと飛んだ。

「何があったの？」と、受話器からダナエの声が尋ねた。「帰ったら話すよ」と私は答えた。盗聴が心配になって、言葉を控えたのだ。

腹を割っての意見交換

アレクシスとベティのマンションでは、雰囲気は明るかった。サマラス政権の支持率は急降下し、選挙は目前に迫っている。シリザ勝利の可能性が高まっている今、戦略を話し合いたいということだった。

私は彼らと興奮を分かち合う気分ではなかった。私は、テッサロニキ・プログラムのおかげでとても心配になっていた。ギリシャを債務者の刑務所から解放するための、私たちの世代にとっての最後のチャンスを、アレクシスがみすみす無駄にしてしまうのではないかと思っていたのだ。そこで、六月に会ったときに分かってもらいたかった点をくり返して、彼らを待ち構えている困難と危険を再び強調した。ドラガサキスが言ったような「よいシナリオ」を祈るのも結構《けっこう》だ。しかしこの期《ご》に及んでは、より可能性の高い、遥《はる》かに酷《ひど》いシナリオに急いで備えておく必要があった。

リビングの椅子に全員が着席すると、私はこう切り出した。

「政権に就いた初日に、皆さんがきっと直面する問題があります。それは何だと思いますか？　そう、選挙直後の月曜日に取り付け騒ぎが起こるかもしれませんから、それに備えておいてください[★3]」

私は説明した。二〇一二年に起こったように、また、二〇一三年にキプロスで実際に起こったように、ECBが銀行を閉鎖するかもしれないという噂が流れただけで、預金者たちは大挙して銀行からユーロを引き出して、マットレスの下に隠すか、外国に送金するでしょう。EUとIMFの高官たちは、攻撃対象にしている政府との交渉を急がないでしょう。彼らは漫然《まんぜん》と時間を稼《かせ》ぐはずです。二〇一五年三月以降に、IMFとECBに対する返済不能な借金の、その返済期限が次々とやってきます[★4]。アレクシスのチームがそれに直面するのを、ゆったりと待つことでしょう。六月に私たちが議論したように、シリザ政権は当初から、EUとIMFが誠実な交渉を拒否するならば、こちらは返済しないという意志表示をすべきです。しかしそうなれば、EUとIMFは間違いなく手を打ってきます。ECBはギリシャの銀行に流動性を供給することができなくなると言うでしょう。なぜなら、これらの銀行の債務証書（IOU）は、債務不履行を起こした政府が保証しているからです。これは、緊急流動性支援（ELA）が停止され、銀行が閉鎖されるのと同じような脅威となります。

部屋の雰囲気は沈んだ。

私は続けた。「こんなことが起こらないよう希望します。起こらないかもしれません。でも、これに備えないのは愚《おろ》かです。相手が好戦的な態度に出るとすれば、それはまず皆さんの腹の内を探るためでしょう。皆さんがハッタリをかましているだけなのか、本当の優先事項は何なのかと」

アレクシスが聞いた。「メルケルは何を望んでいると思いますか？　次の危機を引き起こして、自分のトクになると考えているとは思えないのです」

そこにパパスが割り込んだ。「ベルリンは、ギリシャの銀行を閉鎖して市場を混乱させるようなことはしないでしょう。ギリシャはキプロスではありません。むやみにギリシャに乱暴なことはできないでしょう」

私は同意しかねた。私の考えでは、メルケルやショイブレが、ギリシャの債務免除を支持してくれと、連邦議会にお願いするようなことはありえない。そんなことをすれば、最初の二度の救済策のときの説明はウソだったと白状することになるからだ。白状したくなければ、ドイツ政府は三度目の救済策を準備して、ギリシャを、表向きは債務不履行ではないように見せながら、その実は債務者の刑務所に閉じ込めておくしか道はない。しかし、救済策が行われるたびに、ギリシャは首相を生贄《いけにえ》に捧げねばならず（パパンドレウが最初で、サマラスが二番目だ）、また、新たな救済策を国会で通過させるには、新政権を建てる必要がある。したがって、彼らはアレクシスを自分の味方に付けようとするか、アレクシスの政権を倒して混乱を起こし、従順な専門官僚の政権に置き換えるだろう。二〇一二年に彼らがやったことが、それだったからだ。

　アレクシスが表情を曇らせながら言った。「でも、パパスの意見はどうなんです？　市場が混乱すると、彼らも困るのではないですか？」

「困ります。しかし、みなさんがマキシモス〔首相官邸〕に入るやいなや、ＥＣＢが大量のマネーを放出して、ユーロ圏を安定化させることでしょう」、と私は言った。これは「量的緩和」政策と呼ばれ、ＥＣＢが「デジタル紙幣印刷機」をフル活用して、各国の国債を大量に買い入れる操作を含んでいる。これによって、イタリアやスペイン、フランスなどの主要国の金利も押し下げることができる。これこそが、ユーロを守るための時間稼ぎをするために、マリオ・ドラギが二年も前から準備してきた政策なのだ。

　私は言った。「これを偶然と考えるのは馬鹿げています。メルケルはこう考えるでしょう。ＥＣＢのマネーがマーケットにあふれれば、彼女や銀行家にとっても、ＥＣＢによる銀行閉鎖はかなりスムーズにゆくだろうと」

「では、どうやってその目論見《もくろみ》をひっくり返せばいいのですか？」と、アレクシスが訊《き》いた。

「彼らから、それなりに誠実な協定を引き出すのです。ＥＣＢが銀行閉鎖を行う前に、彼らがそれを躊躇《ちゅうちょ》するような原因を用意しておかないといけません」

抑止力のカギ：ＥＣＢに残るギリシャ国債

　私が二〇一三年五月に初めてアレクシスの経済政策チームに会った時に、「五本柱の戦略」というペーパーを提示したのを、読者は覚えておられるだろう（このペーパーはもともと、二〇一二年六月に私が発表した論文に基づくものだ）。その翌月に、私たちはこれをベースに銀行閉鎖の抑止策を議論したのだった。その要点は、ＥＣＢのマリオ・ドラギと、イエンス・ヴァイトマンが率いるドイツ連邦銀行《ブンデスバンク》との法廷闘争だ。ドラギは、ユーロ圏を下支えするために、不安定な欧州加盟国の国債を大量に買い入れると約束した。ブンデスバンクは、この行為がＥＣＢの定款《ていかん》に違反するとして、ドラギをドイツの裁判所に訴えたのだ。二〇一四年二月、ドイツの裁判所は、この事件を欧州司法裁判所（ＥＣＪ）に移送した。その後ＥＣＪはドラギに有利な判決を下したが、判決には重大な但《ただ》し書きが含まれていた。これは私の分析によれば、将来のシリザ政権の武器になりうるものだ。私はこの但し書きを次のように解釈した。国債の買い入れを続けるドラギの権限には条件がある。ＥＣＢがすでに所有している公債は評価損を出してはならないというものだ。これらの公債には、いわゆるＳＭＰ国債が含まれる。ＳＭＰとは証券市場《セキュリティ・マーケット》プログラムという意味で、ＥＣＢが民間投資家から証券を買い上げるというものだ。ＥＣＢが保有するギリシャ国債は、そうやって買い上げたものの一部だ。

発行済みの国債の形で、ギリシャがＥＣＢに負《お》っている債務は三三〇億ユーロ〔約四・三兆円〕に達する。これはギリシャからみれば巨額だ。しかも、六六億ユーロ〔約八五八〇億円〕の返済が二〇一五年の七月と八月に迫っている。だがＥＣＢから見ればこれは、これからＥＣＢが放出しようとしている一兆ユーロ規模〔一三〇兆円規模〕の金額に比べれば遥かに少額だ。にもかかわらず、ＥＣＢに対するギリシャの数十億ユーロ規模の債務は、法的観点から言えば爆弾になりうる。それだけの金額の債務が、一部でも免除になったり、返済が遅れたりすれば、ドラギとＥＣＢはブンデスバンクやドイツ連邦憲法裁判所から法的な攻撃を受けることになるだろう。そうなると、ＥＣＢの国債購入プログラムそのものの信用に傷が付き、ＥＣＢとメルケルとの関係にも亀裂が走る。メルケルは自国のブンデスバンクともドイツ連邦憲法裁判所とも対決したくはないからだ。これらの勢力の反対に直面すれば、ドラギは自身の自由裁量権が大幅に縮小されたことに気づくだろう。また彼は、ユーロを救うためなら「どんなことでも」やるという魔法のような約束をしたことがあるが、これに対してもマーケットの信頼は失われるだろう。この約束が、ユーロの崩壊を防ぐ唯一の策なのだが。

私は言った。「マリオ・ドラギは二〇一五年三月に、大規模な国債購入プログラムを開始するつもりです。これなしにはユーロはおしまいです。彼は、これを妨げるようなことは絶対にやってほしくないでしょう[★5]」。そこでシリザ政権は、ＥＵ、ＥＣＢ、ＩＭＦとお互いに利益となる協定を成立させたい、そのためには妥協する意志があるというサインを、ドラギに送るのです。それと同時に、控えめながらも毅然《きぜん》として次のように伝えておきましょう。ドラギがシリザ勝利に対する報復としてギリシャの銀行を閉鎖するようなことがあれば、シリザはこれを開戦の原因とみなします、ＥＣＢが保有するギリシャ国債の償還《しょうかん》を、たとえば二〇年延長する法律を即座に成立させるつもりですと。私は確信していた。もしシリザ政府が早くから、ＥＣＢが保有するギリシャのＳＭＰ国債をこちらから踏み倒《ヘアカット》して報復してやるぞという意志をはっきりと示しておけば、ＥＣＢによる銀行閉鎖を抑止できるはずだ。

私はアレクシスに説明した。「ドラギは頭のいい総裁なので、ドイツ政府に皆さんを踏み潰《つぶ》させようなどと考えて、自分の政策を台無しにするような冒険はしないでしょう。ただし、このＳＭＰ国債の踏み倒しについては、皆さんが本気だということが伝わらなければなりません。そうでなければドラギには、銀行閉鎖をして皆さんを潰せというドイツの要求を拒否し、ドイツとケンカする理由はありませんからね」

私は二〇一二年のときと同じように、その夜もアレクシスのマンションで、何とかしてたった一つだけ、簡単なことを理解してもらおうとしていた。それは、交渉のいかなる局面においても、シリザにはハッタリは許されないということだ。たとえドラギが本当に銀行閉鎖をやってきたとしても、経済が何週間か機能し続けられるように、アレクシスの政権は準備しておく必要がある。そんな状況になってもアレクシスが一歩も引かない姿勢を崩さず、ドイツ政府とＥＣＢに対して、シリザ政権の目標は公正な協定を結ぶことだが、悪夢のような債務の束縛に屈するよりは、大きな犠牲をともなう不本意なグレグジットの方を選ぶのだという意志を示すことができれば、そこから、本当の交渉が始まることになるだろう。

彼らは、この戦いを、最後までやり抜く覚悟があるのだろうか？

何でそんなことを聞くんだと、パパスは不満げな表情をした。アレクシスはもっと控えめに、諦《あきら》めたように、「ほかに代案はないよね」と言った。ドラガサキスは何も言わなかった。

それならば時間稼ぎのための計画がどうしても必要です、と私は言った。ＡＴＭが閉鎖されているまさにそのときに、グレグジットか無条件降伏かという二者択一を迫られなくてすむように、数週間を持ちこたえるための計画のことだ。この計画はまた、シリザが本気で交渉を望んでいるということが分かった時に、メルケルやドラギに対して、最終的な決裂を回避するチャンスを与えるものだ。そのためには、銀行が閉鎖されている間にも機能するような決済制度を準備しておく必要がある。

並行決済制度

私は一つのスキームを、ここで改めて説明した。二〇一二年六月にも示唆し、二〇一三年五月の「五本柱の戦略」でも提起したスキームだ。これは、財政的に苦しいユーロ圏の政府が、課税当局のウェブサイトを新しい方法で活用し、策略を凝《こ》らす余地を確保する方法について、それまで私が行ってきた理論研究がもとになっている。その骨子は単純だ。

　まず、政府が企業Ａに一〇〇万ユーロを借りているが、資金不足で返済が遅れたとしよう。次に、企業Ａはジル（従業員の一人）に対して三万ユーロの支払い義務があり、また原料の仕入れ先である企業Ｂに対しては五〇万ユーロの支払い義務があるとする。他方、ジルと企業Ｂは政府に対して納税義務があり、ジルは一万ユーロ、企業Ｂは二〇万ユーロを納めなければならない。さて、想像してほしい。まず、課税当局が（企業Ａ、企業Ｂ、およびジルを含む）すべての納税者に対して「預金口座」を開設するのだ（正確には、納税者番号を与えるのだ）。そうすると、政府はクリック一つで企業Ａの口座に一〇〇万ユーロを「入金」できる。そして、すべての納税者に対して暗証番号（ＰＩＮ）を与え、自分の口座から他の納税者の口座へと「資金」を送金できるようにする。企業Ａは、ジルの口座に三万ユーロを送金し、企業Ｂの口座に五〇万ユーロを送金する。すると、ジルは一万ユーロの税金を、企業Ｂは二〇万ユーロの税金を、政府に納めることができる。こうして、さまざまな未払金を相殺《そうさい》することが可能となるのだ。

　このような決済制度は、経済状態がよいときのポルトガルやイタリア、あるいはフランスにとっても望ましいものだ。しかし、ギリシャがＥＣＢによる銀行閉鎖という緊急事態に陥った場合には、この制度は必要不可欠なものとなる。人々が政府との間の取引を続けるためだけでなく、あらゆる取引を継続するうえでも不可欠なものとなるのだ。たとえば、課税当局の決済制度のなかで、年金受給者が保有している預金口座に振り込む形で、年金の一部を給付することができる。するとその年金受給者は、さらにその年金の一部を使って、たとえば借家の大家に家賃を支払うことができる。大家には、支払うべき税金があるだろう。たとえ、この残高を現金として引き出すことができなくても、政府がこの残高で税金を納めることを認め続けるかぎりは、このスキームは機能し続ける。さらに二つの改善を行えば、このスキームはもっとうまく機能することだろう。

　第一に、ギリシャ人はすでに全員が身分証明書（ＩＤカード）を保有している。さてこれを、最新のキャッシュカードやクレジットカードと同じように、マイクロチップを埋め込んだスマートＩＤカードに切り替えたとしよう。すると、年金生活者や公務員、社会保障給付を受けている人々、政府に対して物資を納入する人々など、政府との取引がある人なら誰もが課税当局の預金口座と接続でき、スーパーマーケットやガソリンスタンドなどでモノやサービスを購入することができる。言い換えれば、銀行が閉鎖されても、政府のカネが尽きても、政府は人々のIDカードに税額控除分《タックス・クレジット》を振り込むことによって支払義務を果たすことができるのだ。もちろん、税額控除分の総額は、政府が財政赤字にならない範囲に留めないといけない。当然だ。

第二に、この決済制度を使って、政府はギリシャの人々から直接にカネを借りることができる。民間銀行や、敵対的で懐疑的な金融市場、そしてトロイカを迂回《うかい》することができるわけだ。人々は政府から税額控除分を受け取るだけでなく、普通預金口座のネットバンキングを利用して、課税当局から税額控除分を購入することもできるようになる。政府が、たとえば、ちょうど一年後に税金を納めるのに使える税額控除分を、現在、一〇％の割引率を適用して売り出せば、人々は喜んでこれを買うだろう〔一〇〇万円分の税額控除分を九〇・九万円で販売する（一〇〇÷一・一＝九〇・九万円）〕。これは事実上、政府が一〇％の金利で人々から借り入れを行うのと同じことだ。今時《いまどき》これほどの高い利子を銀行から受け取れるヨーロッパ人はいない。政府が売り出す税額控除分に上限を定め、透明性を保証すれば、財政規律を守りながらも政府は流動性を増やすことができる。こうしてトロイカからの自由度が大きくなり、EUやIMFとの堅実な新協定に道が開かれる。

ドラガサキスは感心した様子で、この制度の設計を文章化してほしいと言った。アレクシスとパパスは、債権団との交渉が決裂しても貴重な時間が稼げることを知り、ほっとした様子だった。オースティンに戻って四八時間以内に、私は制度設計を記した一〇ページの文書をパパスに送り、アレクシスとドラガサキスにも転送してもらった。

時間を四か月だけ早送りしよう。二〇一五年三月、シリザ政権の閣議では、チプラス首相が議長だ。予想どおり、ギリシャは政権発足初日から報復攻撃を受けて、新政権とトロイカとの対立が始まっていた。私は、それに関する現状分析を説明したうえで、人道上の危機に対処すべく財務省が国会に提出した法案の概要を解説していた。貧困ラインを下回る三〇万の世帯にデビットカードを発行し、生活上の基本的なニーズを満たせるよう、月額数百ユーロ〔約数万円〕のクレジットを支給するのです、と。

「でも、そのカードは始まりにすぎません。そのカードは従来のIDカードにとって代わり、銀行とは別に機能する決済システムの基盤となるのです」

私は、この制度の仕組みを説明し、数多くの利点を列挙した。政府には財政上のゆとりが生まれ、屈辱的なクーポン〔引換券〕を使わせることなく貧困者を支援でき、しかもトロイカに対しては、銀行を閉鎖してもギリシャ経済はこの決済制度によって機能し続けることを示すことができる。何より、ドイツの財務大臣が何年も前から望んでいたように、[★6]トロイカがギリシャをユーロ圏から追放する決定を行ったとしても、この決済制度はボタン一つで新通貨建てに切り替えることができる。

閣議が終わると、参加していた閣僚たちは私のそばに来て興奮を伝えてくれた。私の背中を叩く者も、私を抱擁《ほうよう》する者もいた。感銘を受けた、触発されたと言う女性もいた。

その五か月後、私は辞任していた。マスコミは、予備計画もなしに無茶な交渉に突入したとして、私をこき下ろしていた。何日間も、メディアには野党政治家だけでなくシリザの議員も登場して、銀行が閉鎖されればどうするかという戦略もなしにライオンの棲処《すみか》に入ったといって、私を笑いものにしていた。アレクシスか閣僚の誰かが表に出てきて、本当のことを言ってくれるだろうかと私は様子を見ていたが、誰もそんなことはしてくれなかった。私は、公的通貨金融機関会議（OMFIF）のデヴィッド・マーシュが主催した遠隔会議で、ギリシャ政府とEUやIMFとの交渉はなぜうまくいかなかったのかという質問に答えるなかで、この並行決済制度のプランを明らかにした。

この会議はいわゆるチャタム・ハウス・ルールに則《のっと》って議論が行われることになっていた。このルールは、参加者は発言を引用してもよいが、誰の発言かは明示しないというものだ。だがルールは無視された。私のプレゼンテーションの全記録がまもなく公開されたのだ。すると、ほかでもない彼らが、つまり私がプランBを持っていなかったと言って馬鹿にしていたジャーナリストや政治家たちが、まったく真逆の理由で私を批難し始めた。典型例は、「バルファキス、秘密のグレグジット計画」というような見出しだ。私がアレクシスの背後で、ユーロ離脱のための悪魔の筋書きを書いていたという意味だ。私を刑事訴追せよという声も高まった。今この段落を書いているときにも、ギリシャの国会では、「秘密の筋書き」によってチプラス首相に打撃を与えたとして、私を国家反逆罪に問うべきだという話が続いている。本当だ。

ギリシャにいるトロイカの応援団が、機会を見つけては卑劣な方法で私を批判していることは、私にとって自尊心と満足感の源泉だ。ユーログループのなかで、彼らの要求にノーと言ったことによって与えられた、名誉の勲章だと考えている。しかし、私の並行決済制度案を賞賛していた閣僚仲間たちが、そんな話は聞いたこともないという顔をしたり、糾弾《きゅうだん》に参加しているのを見るのは、あまりに辛《つら》くて苦しい。

申し出

その申し出は、不意打ちだった。アレクシスのマンションでの議論は、抑止策や並行決済制度の話を終えて、午前零時頃には具体的な政治の話に移った。アレクシスの説明によれば、選挙が前倒しされる可能性が大きい。ギリシャの首相の任期は五年で、現政権は任期が二年以上残っているが、二〇一五年三月以降も持ちこたえられるかどうかは疑わしい。サマラス首相が大統領候補を選び、その候補のための強力な議会内多数派が形成できないかぎり、国会は自動的に解散され、総選挙が行われることになる。[★7] 説明を終えるとアレクシスは、ドラガサキスの鋭い視線を横目に、控えめに、私への申し出を口に出した。

「たぶん私たちが勝つでしょう。そしたら、財務大臣になってほしいのです」

オースティンからアテネへの移動中に、私は申し出を断るセリフを正確に、何度もくり返し練習してきた。しかし、彼の申し出はまったく予想外だった。私は、ドラガサキス財相の下で、主席交渉担当官を頼まれると思っていたのだ。だが、アレクシスが提案しているのは、この二つの役割をまとめて私に任せようということだ。

私はまったく困惑して、時間稼ぎのつもりで、ドラガサキスの方を向き直った。

そこにアレクシスが割り込んで、説明をした。「ドラガサキスは副首相として、経済関係の三省を監督します」。三省とは、財務省、経済省、新設の生産復興省のことだ。[★8]

すべてが変わってしまった。彼が提示した内閣の布陣は真っ当だ。今や、アレクシスの申し出を断る理由は、彼やドラガサキスの真意・力量・人格に関する疑念だけだった。彼らに面と向かって、こんな根本的な疑念を持ち出すことは、控えめにいっても無様《ぶざま》なことだ。代わりに私は彼らに、原則的な問題を提起した。

「あの、ご存じでしょうが、私はテッサロニキ・プログラムには異論があるのです。本当のところ、ほとんど評価できません。ですから、あれがギリシャの人々に対する皆さんの経済政策上の公約として発表されますと、正直申しまして私は、財務大臣としてそれを実行に移す責任を、どうやって引き受けてよいか分かりません」

そこに予想どおり、パパスが割り込んできて、私はテッサロニキ・プログラムに拘束されないと言った。「先生は、シリザのメンバーではありませんからね」

「それでも、財務大臣になるんだったら入党すべきだって思わないか？」と私は聞いた。

待っていたかのように、アレクシスが口を挟んだ。「いいえ、それはありません。私は先生にシリザのメンバーにはなってほしくありません。私たちの党内の、複雑な意志決定に煩《わずら》わされないでいてほしいのです」

頭のなかで警告音が鳴った。アレクシスが言うことも一理あるが、リスクも大きい。一方では、シリザは私が長年、その浅薄《せんぱく》な経済政策を批判してきた党だ。そこから距離を置いていれば、私にはかなりの自由度が保証されるし、党の政策と矛盾する決断を私がした場合にも、アレクシスは、それはバルファキスが党の政策には拘束されないからだと主張できる。他方で、こんな主張がまかり通れば、アレクシスやドラガサキスの言動次第で、私への批難が雪だるまのように膨らむだろう。トロイカやギリシャの寡頭支配層《オリガルヒ》たちと戦ううえで、私には党の支援が絶対に必要なのに、私は逆に、党員たちの敵意に晒されるだろう。だが、こんな心配も、彼らに打ち明けるわけにはいかない。

決断を迫る空気が重くなってきた。しかし、確認しておくべきことがある。私たちは本当に、目的と手段について合意できているのか？　もし合意できていなければ、私は引き続き、幸福で単純な人生を送ることができる。

「シリザ政権内での私の役割について議論する前に、基本的なところで合意できているかを、確かめておきましょう」、と私は言った。

私が二〇一二年にアレクシスに提案した「五本柱の戦略」は、その後、私にはあまりに不名誉なやり方で廃棄されていた。[★9]その明快で確実な最新版を、彼らに試してみよう。

盟約

私は口を開いた。かなりの規模の債務再編《ヘアカット》が最優先です。[★10]シリザ政府にとって、これに合意することが一丁目一番地です。ギリシャを債務者の刑務所から救い出すことが、民営化をはじめとするシリザのほかの課題よりも重要なことです。彼らはこれに合意した。

私は続けた。債務再編によって、ついに緊縮策とデフレのスパイラルを終わらせ、わずかな財政黒字を見込むことができます。財政黒字の目標は、最大でも国民所得の一・五％まででです。黒字にするためには、民間部門を活性化するために、付加価値税（ＶＡＴ）と法人税を大幅に引き下げる必要があります。

「どうして企業の税金を減らすのです？」と、アレクシスが異議を唱えた。

私は説明した。民間部門からの総税収を増やすべきだからです。今は、売り上げもほとんど上がらず、利益を上げられそうな企業にも銀行がカネを貸さない状況です。ですから、税収を増やす唯一の方法は、法人税率を下げることなのです。ドラガサキスが割り込んで、賛成だと言った。これで明らかに、アレクシスやパパスの反発が和らいだ。

私は続けた。ＥＵやＩＭＦとの合意を望むならば、民営化についても妥協も必要です。シリザは民営化を全面的に拒否していますが、ケース・バイ・ケースで考えてもよいでしょう。公共財産の叩き売りはやめにすべきです。しかし、港湾や鉄道など、条件付きで民営化してよいものもあるでしょう。その条件とはまず、最低限の投資です。ほかには、財産の購入者が、労働者と適切な労働契約を結び、労働組合の代表権を保証すると約束することです。さらに政府が、株式の過半数とは言わないまでも相当の割合を保有し続けて、得られた配当を年金基金の補助に使うことです。一方で、政府が保有し続けるべき財産は、新たに設立する公共開発銀行に引き渡します。この銀行は公共財産を担保として資金を調達し、これらの公共財産に対して投資を行い、価値を高め、雇用を創出し、将来の収入を増やすのです。彼らはこれにも同意した。

さて次は、アリスやゾルバをはじめとする銀行家たちに関わる微妙な問題だ。石船の影でアレクシスと交わしたぎこちない会話を思い出しつつ、ドラガサキスの目の前で、私は注意深く言葉を選んだ。私はまず、アリスやゾルバのような銀行家たちと対決し、（本当は納税者が所有している）銀行に対する支配権を放棄させようという意志がどれくらいあるのか、彼らに尋ねてみた。また私は、ギリシャの銀行家と欧州中央銀行との奇妙な提携についても示唆した。ギリシャ政府が保証する債務証書（ＩＯＵ）によって銀行を延命させていたのはＥＣＢだ。そして、銀行もＥＣＢも、シリザ政府を絞め殺す力を持っているのだ。

パパスは革命の熱意に満ちた声で、銀行家は全員追放だと言った。アレクシスはもう少し慎重に、しかし積極的に、だからこそ銀行を制御するために年配の人物（つまりドラガサキス）を副首相につけることが重要なのだと付け加えた。

そこで私は聞いた。破産した銀行は所有権と経営権をＥＵに移すべきだという私の提案を、採用する用意はありますか、と。どちらかといえば銀行の国営化を求めてきた左翼政党にとって、これが極めて難しい提案だということは、私には理解できていた。重苦しい沈黙が訪れた。

沈黙を破ったのはアレクシスの質問だ。絶対に必要な質問だった。「どうして私たちは銀行を国営化できないのですか？どのみち政府が過半数の出資をしているんですよ。議決権のない株式を、議決権付きの株式に転換する法律を通せばいいだけじゃないですか？」

私の答えはこうだ。銀行をＥＵに引き渡す決断ができないかぎり、ギリシャ政府は、偽りの銀行資本注入によって引き受けることになった債務から解放されることはありません。銀行国有化が意味を持つのはグレグジットの場合だけです。「でも、グレグジットを政策目標として考えることはしないと、約束しましたよね?」

即座に「そのとおりです」とアレクシスが答えた。

「それならば、どうでしょう。銀行の株式は、資本増強によって発生した銀行の債務と一緒にまとめて欧州連合に引き渡す、そして取締役会にはギリシャの銀行家の力が及ばないようにする。これを、銀行問題に関する私たちの交渉ポジションにするということに、合意はできるでしょうか?」

アレクシスとパパスは合意した。しかし、ドラガサキスは直接の返答を避け、法的正当性の範囲をわきまえることが重要だ、という当たり前のことを指摘するに留めた。彼が質問への答えを避けたことで、私の疑念は強まった。だがここまでのところは、彼ら三人とも、方針には満足したようだった。だがもう一度、私たちは目的についてどんな合意をしたのかを、確認する必要を感じた。

「第一に、債務再編です。第二に、プライマリー黒字は国民所得の一・五%を超えず、新規の緊縮策も認めません。第三に、付加価値税と法人税の税率を大幅に引き下げます。第四に、労働者の権利を守り、投資を拡大するという条件のもとで、戦略的な民営化を行います。第五に、開発銀行を設立し、残った公的財産を担保として活用し、国内投資を活発化させるとともに、配当は公的年金基金に入れます。第六に、銀行の所有権と経営権をEUに移す一方で、公的な「バッド・バンク」を設立して銀行の不良債権を処理します。これにより、ハゲタカ・ファンドが大量の中小企業に対して、立ち退きや収用を進める事態を防ぐのです」

彼らは改めて同意した。今度は確信が深まった。

だが、まだ終わりではない。私が提案した交渉戦略についても、すなわちSMP国債の踏み倒し《ヘアカット》という脅《おど》しをおもな抑止策とし、交渉が行き詰まって銀行閉鎖が行われても時間を稼ぐことができるように並行決済制度を導入するという交渉戦略についても、同意してもらわなければならない。これらをおさらいすると、彼らは再び同意を示した。

さて、最後はいちばん重要な点だ。「堅実な協定を勝ち取るためには、私たちの間に共通理解が必要です。トロイカに対して、ハッタリをかますようなことは、しないということです。そこは確かでしょうか?」私は不安げに尋ねた。

これにドラガサキスが聞き返してきた。それはどういう意味ですか、それは純粋な質問ですか、それともわざと健忘《けんぼう》症のふりをしているのですか、と。いずれにせよ私は、この点をもう一度強調できるのが幸いだった。彼らと最初に会ったときから強調してきた点だからだ。「相手方がどういう手を打ってきたとしても、必ずこうするという意志表示をすることは、ハッタリではないということです」

アレクシスは理解した。「なるほど、グレグジットの脅しを受けても、絶対に署名はしないというわけですね、そうでしょう?」

私は、そのとおりだと言った。私たちは、ユーロ圏に留まって堅実な協定を結ぼうとしていますし、合意を台無しにするようなことはいっさいしません。しかし、債務者の刑務所に留まるか、グレグジットかという究極の選択を迫られれば、私たちは迷わずグレグジットを選ぶのです。そこをはっきりさせないかぎり、世界最強の金融機関との厳しい交渉に臨《のぞ》んでも、何の意味もないからです。

私は再度確認した。「本当に、そういう理解でいいですね?」

「もちろんです」とアレクシスが答え、パパスも力強くそのとおりだと言った。ドラガサキスの方は、やはり沈黙を守り、友好的だが疲れたような微笑みをくれただけだった。とにかく、盟約まであと一歩だ。

今度は、私が決断する側だ。

イエスかノーか?

正念場だ。私の前に提示された申し出は、拒否することもできた。申し出を受け容れるリスクははっきりしていて、しかも巨大だ。アレクシスのことは気に入っていたし、彼を信じたかったが、二〇一二年に彼が示した態度と、もっと最近ではシリザの経済政策(テッサロニキ・プログラム)の策定段階から私を参加させるという「石船」での約束を彼が簡単に破ったことで、疑念を覚えるには十分すぎる理由があった。また、後に私がオースティンに戻った時にダナエが言ったように、私は使い捨てにできるからこそ利用価値があるのだ。「あなたが堅実な協定を持ち帰れば、彼らはその手柄を自分の物にするはずよ。でも、それができなければ、あなたのせいにされるわ」

アレクシスや党幹部にとっては、私はシリザにとっても支配層にとってもアウトサイダーなので、トロイカからの、国内の支配層からの、シリザに忠実な党員たちからの批判の矢《や》面《おもて》に立たせるにはうってつけの人物だ。矢面に立つのはかまわない。それが、首相や議会のために財務大臣がなすべき仕事だからだ。ただ、そうするだけの価値があるのは、盟約が確実で、最後の最後まで戦う意志がなければ戦いを始める意味もないということを、全員が理解している場合に限られる。私は理解しているが、彼らは理解しているのか? その答えについて、私には十分な確証を持ち合わせていなかった。

同時に、私は倫理的なジレンマにも直面していた。私にはアレクシスの申し出を拒否する権利はあるのだろうか？　自分が言ったことに、自分で責任を負うチャンスを、次の首相が与えてくれているのだ。ギリシャが債務者の刑務所に収監《しゅうかん》されてからずっと、私が外野から主張してきた交渉戦略と経済改革プログラムを、実施するチャンスなのだ。よき人生とは何かについて、ソクラテスの定義は、死の床において後悔しない、というものである。このチャンスに背を向けたことを、年をとって振り返った時に、私はどう思うのだろうか。

　ダナエと相談できればどんなによかったことか。しかし、彼女とは何千マイルも離れている。しかも、アレクシスのマンションで長時間の話し合いを行った後だ。今ここで決断するしかない。私は心を決めた。しかし、申し出を受け容れる間際《まぎわ》に、私は最後の条件を提示した。私はまず、国会議員として当選せねばならない、というものだ。私には、ストゥルナラスやその跡継ぎと同じように、議会外の財務大臣になるつもりはなかった。[★11]

「でも先生。あなたは選挙に出たことがないでしょう」と、アレクシスは反対した。「地盤もないし、選挙は間近です。それに、テキサスにお住まいではないですか！」

　そこにパパスが妥協案を挟んだ。党首が割り当てる議席のリストのどこかに、私の名前を載せるというものだ。[★12]　するとアレクシスが、私の名前を党のリストの下の方に、いわば名誉登録するのがよいのではないかと言った。そうすれば、国会議員にならないですむし、私がシリザの評価を受けたことを示すことができるというわけだ。

　私は聞く耳を持たなかった。「それではダメです。党の指導者のとりなしではなくて、有権者から直接の負託を受けたいのです。でなければ、私は外野に留まります」。これは名誉や評価の問題ではない。「ユーログループでヴォルフガング・ショイブレと丁々発止《ちょうちょうはっし》をやるのですよ。彼は何十年もの間、有権者の支持を受けてきたベテラン政治家なのですよ。ですから、私も数千票の裏づけをもって、そこに臨まないといけません。でなければ正統性に欠けるじゃないですか」

「でも、当選しなかったらどうします？」とアレクシスは言った。

「そのときは、ユーログループで私がギリシャを代表することを、有権者が望まなかったということです。簡単なことですよ。何も知らない大衆のために専門官僚《テクノクラート》が経済協定をめぐって交渉するなんて、私にはまっぴらなことです。そういう話はやめにしましょう」

　ドラガサキスが尋ねた。「どの選挙区から出るおつもりですか？」

「私がこの生涯、票を投じて来たのは大アテネ選挙区ですから、そこです」。これは私にとって、はっきりした答えだった。

「大アテネは厳しいですよ、先生。大丈夫ですか？」とアレクシスが聞いた。

「ここしかありません」と私は答えた。

ギリシャではほとんどの選挙区で複数の議員が選ばれる。[★13]大アテネは国内最大の選挙区で、一五〇万人を超える登録有権者が、三〇〇人の国会議員のうち四四人を選出する。私はここが、パパスとドラガサキスの選挙区であるということも承知していた。

私の決意を読み取って、パパスが積極的な言葉を投じてくれた。「先生は簡単に当選しますよ」と言って、議論を終わらせてくれたのだ。だが、私の不安は収まらなかった。

私がシリザのメンバーにならなくてもよいというのには、一理あった。私が自ら政治的な正統性を獲得すれば、それに反比例して、アレクシスにとっての私の利用価値は下がるのだ。私の出馬にアレクシスが反対するのを見て、私の懸念は強くなった。しかし、アレクシスは単純に私が、選挙当日に有権者の支持を十分に得られないかもしれないと思って、心配してくれただけなのかもしれない。それに、ついさっき盟約に合意したばかりだ。疑念を上げれば切りがなかったが、申し出を拒否することはもう不可能だった。

玄関に向かうとき、アレクシスは気をきかせて言った。「相手さんがギリシャをユーロ圏から排除する場合に備えて、先生のチームを結成する必要がありますね。すぐに仕事にとりかかってもらえますか」

「そうするよ」と、私は答えた。これが、かのプランXの誕生だった。これは、ドイツ政府やECBがギリシャをグレグジットの淵《ふち》に突き落とすという、彼らのプランZが発動した場合に限って、実行に移されるものだ。[★14]「だがアレクシス、忘れないでくれよ」、と私は付け加えた。「ギリシャがいつまでもユーロ圏での居場所を守るための、唯一の、最善の方法は、債権団に対して穏健なポーズをとる一方で、やつらがギリシャ政府を転覆《てんぷく》させようとした場合にはこちらの抑止策を発動するぞという、断固たる決意を示すことなんだ」

アレクシスは頷《うなず》いた。ドラガサキスは非常に疲れた様子で、かすかな微笑みを見せ、自分とも情報を共有してくれるよう私に頼んだ。私は、そうしますと約束した。

卑怯《ひきょう》な攻撃の時系列《クロニクル》

あの二〇一四年一一月下旬の朝を境に、時間の流れが加速した。ダナエと私は一月末までにアテネに戻ることを計画した。これで、三月と目《もく》される選挙には十分間に合うと思われた。しかし、サマラス首相の計画は違った。

一二月八日、彼はまず大統領選挙を行うと宣言した。一回目の（事実上は儀礼的な）投票は九日後の一二月一七日、そして二回目の儀礼的な投票は一二月二二日、そして三回目の（決着をつける）投票は一二月二七日だという。[★15] これを聞いて私は、どうにかこうにかサマラスは、政権にあと二年留まるための票勘定《かんじょう》ができたのだろうと推測した。そうでなければ選挙を前倒しして、政権の寿命を二か月も縮めるようなことをするはずがない。

この推測は翌日には疑わしくなった。一二月九日、ギリシャの財務大臣は、二度目の救済協定が二〇一四年一二月三一日で期限満了となるのを、二か月延長するようユーログループに申請した。トロイカが六か月延長を提案しているのに、どうしてたったの二か月なのだ？ もし票読みができていて、あと二年は政権に留まる気ならば、トロイカの政策に不可欠な三度目の救済融資協定を国会通過させるために、最低六か月は欲しいと思うはずだ。なぜ自分で命綱《いのちづな》を切るのか？ 私が出せた唯一の答えは、自分の命綱を切ったのではないということだ。つまり彼が切ったのは、私たちの命綱なのだ。

オースティンにいながらパパスとアレクシスと話をして、実際そうに違いないと思えた。サマラスは票が足りないことを知り、敗北が必至の一月末の選挙を断念した。しかし、二〇一五年二月二八日の、救済協定の期限満了と同時にトロイカがギリシャの銀行を閉鎖すると読んで、シリザ政権を生後四週間にして抹殺しようというわけだ。こうして、二〇一二年と同じように専門官僚の政権を誕生させ、三度目の救済協定を成立させ、その後にサマラスが凱歌《がいか》を上げてマキシモスに帰還するという筋書きだ。私たちはこれを、サマラスの「お中入り作戦」と呼んだ。

私たちの理論を確証する二つの動きが見られた。第一に、シリザの勝利を予測する世論調査に反応して、サマラスと彼の閣僚たちは、自分たちが敗北すれば翌朝には銀行が閉まるだろうという話を始めた。これは現職の政権が取り付け騒ぎを煽《あお》っているようなものだ。続いて、六月までサマラス政権の財務大臣を務め、当時は中央銀行総裁となっていたストゥルナラスが、一二月一五日に、中央銀行の歴史上類をみない文句を公式の演説に含めた。

> ギリシャ中央銀行の総裁としての私の義務からして、また、欧州中央銀行の理事会のメンバーという立場からして、私はこう申し上げなければなりません。ここ数日、危機は深刻化しており、市場において流動性は急ピッチで減少しております。最近ようやく再始動した経済成長が損なわれるリスクだけでなく、ギリシャ経済が後戻りできないほどの機能停止状態に至る可能性も、大きいと言わざるをえません。[★16]

中央銀行総裁が金融安定性の維持《いじ》という使命に、これほど露骨《ろこつ》に違反したことはなかった。そもそも中央銀行というものは、流動性が縮小しているときにも、市場に対して流動性が十分であるという安心感を与えて、銀行取り付け騒ぎを防ぐためにあるのだ。ストゥルナラスの発言はその真逆をいくものであり、現政権が引き起こした銀行取り付けを加速させ、将来のシリザ政権に打撃を与えようとするものだ。

一二月二〇日に、サマラス政権は二度目の救済策を二か月間延長する法案を国会通過させた。これで、EUおよびIMFと新たな合意に達することができなければ、二月二八日に銀行が閉鎖されることがほぼ確実となった。一週間後、サマラス首相が指名した大統領候補が、必要な票を得ることに失敗した。次の総選挙は二〇一五年一月二五日に行われることになった。賽《さい》は投げられたのだ。私はすぐにアテネに戻らねばならない。三年間も住んでいなかった国で、初めての選挙に臨むというのに、準備期間は数日しかないのだ。

オースティンからこの状況を眺めていると、相手が次にどんな卑怯な攻撃を行ってくるかがはっきりと予想できた。驚きはなかった。しかし人生においては、酷《ひど》いことが起こることは想定内だとしても、実際にそれを目の当たりにすれば、心底情けない思いをするものだ。昔のジョークを思い出した。二人のゴルファーが、ホールを回りながら世間話を交わしていた。一人が、経営難だった工場が火事にあって、保険金が下りて儲《もう》かったと言った。もう一人は、会社が洪水で破壊されたときに、保険会社から巨額の保険金をもらって大儲けしたと告白した。すると、最初の一人が混乱した表情で尋ねた。

「え、どうやって洪水を起こしたのですか?」

サマラス政権とストゥルナラス総裁は、銀行取り付けという形で、自国の領土に火を放ったのだ。私たちは、カネを取り返す気もない外国の強大な債権団を相手に交渉を行いながら、その火消しを迫られるだろう。だが、ギリシャの中央銀行、欧州中央銀行、ギリシャの寡頭支配層《オリガルヒ》、そしてメディアがその火に油を注ぎ続けるはずだ。彼らの連合に対抗する私たちの味方は、打ちのめされてげんなりした、しかし(願わくば)覚悟を決めた民衆《デモス》だけだ。

恐れずに真実を語る

ギリシャが返済不能な債務の檻《おり》に収監されて以来、私は馬鹿者と呼ばれていた。支配層が私を馬鹿者扱いしていたのは、私が、救済策にノーと言えばユーロ圏から追い出されるという考えを拒否したからだ。他方、二大政党制という茶番劇のなかで、左派の多くはまったく同じ理由で私をアホ呼ばわりしていた。彼らは、ユーロ圏のなかでギリシャを解放するという私の目標を、麻薬患者の幻想のようなものだと考えていたのだ。

　この左右のありえないコンセンサスはギリシャの人々に、選択肢は二つに一つだと語っていた。債務者の刑務所のなかでポケットのわずかな小銭を守るために沈黙に甘んじるか、またはユーロから（あるいはEUから）の離脱かの、どちらかしかないというわけだ。この二つの選択肢のうちどちらが望ましいのかについては意見の違いがあったが、トロイカやギリシャにおけるトロイカ応援団と、ギリシャ共産党やシリザの左派プラットフォームのメンバーたちには、考えが一致する点があった。非妥協的な左翼の主張は、バルファキスはせいぜいのところ、使いようのある馬鹿者であり、ギリシャの人々の反逆を煽《あお》って忌《いま》わしい敗北に導くだけに終わるだろう、というものだ。他方、支配層がほのめかしていたのは、私は最悪の場合には危険な自己愛神経症患者《ナルシシスト》であり、ひょっとすると悪魔的な権力の手先かもしれない、ジョージ・ソロスなどの反ユーロ的な米国系ユダヤ人と結託《けったく》して、ヨーロッパを不安定化しようとしているに違いない、というものだ。これで、とんでもない主張が可能になった。いずれにせよバルファキスはヨーロッパにおけるギリシャの立場を台無しにしようとしている、だから、ブリュッセルからの刺客に違いない、というわけだ。

　この強力なコンセンサスがもたらす現実の危険を意識して、二〇一四年始めに私は机に向かって一冊の本を書いた。それは『救済《ベイルアウト》ギリシャ創世記』というタイトルで、ギリシャ語だけで出版された。そのなかで私は、何年も前から続けてきた議論を改めて活字にした。ギリシャはけっしてグレグジットを求めてはならず、ユーロ圏内での堅実な協定を要求すべきである。グレグジットの脅威に屈することがなければ、確実とまでは言えないが、そのような協定は実現可能である。

　二〇一五年一月二五日の総選挙の一週間前、アテネ・メガロン音楽ホールで、数百人の参加者と、さらに二〇〇人のライブ動画ストリーミングの視聴者を相手に、この本の出版記念イベントを行った。これが私にとって唯一の選挙運動であったから、私は有権者に対して交渉の目的と戦略を知らしめる機会として、これを大いに活用した。それは私が、アレクシスやパパス、ドラガサキスに対して語ったのと同じような内容だったが、結論は次のようなものだった。

> グレグジットよりも敗北の方を、より力強く拒絶するのでなければ、EUやIMFと交渉する意味はまったくありません。それが唯一の結論です。もしシリザが心のなかで、次の救済策よりもグレグジットの方が悪いと考えているのなら、最初から降伏を宣言するか、そもそも

選挙に勝利しない方がよいのです。これは、私たちがグレグジットを求めるべきだとか、グレグジットに向けた動きをするべきだということではありません。ユーロ圏のなかで堅実な協定に達するためには、グレグジットの脅しには絶対に屈しないという決意を持って、妥協を含んだ新協定をめざした穏健な提案を、債権団に提示するしかないのです。

債権団の優先順位を想像するに、彼らがグレグジットを迫ったとしても、それはハッタリだろうと私は確信しています。なぜなら、グレグジットは公的債務や民間債務の帳消しによってEUにとっても一兆ユーロ規模の損失をもたらし、欧州の金融システムの迷路のなかで大破産の連鎖反応を引き起こすことになるからです。面白いことに、私が二〇一〇年に、グレグジットすればフランスやドイツの銀行が吹き飛ぶことになるのだから、パパンドレウ政権にもドイツやEUに対してノーと言える力があるのだと言ったとき、私にコラコラと注意してくれた人たちがいます。二〇一五年の現在、二〇一〇年にも効果的だったはずの［ユーロ圏に留まるための穏健な］戦略を提案している私は、まったく同じ人たちから［手ぬるいと］お叱《しか》りを受けているのです。そこで、私から彼らにお知らせがあります。彼らが今では認めてくれているように、あのときの私は正しかった。そして、現在もまた正しいはずです。債権団がいかにグレグジットの衝撃波を防ぐ対策をめぐらしたとしても、グレグジットは彼らに大打撃をもたらすのです。これこそが、私がいまだにグレグジットを虚仮威《こけおど》しだと信じる理由なのです

もちろん、間違っているのは私かもしれません。債権団はグレグジットよりも、私たちと妥協することを恐れているかもしれません。でも、たとえ私が間違っていたとしても、考えてみて下さい。グレグジットには明らかに高い代償が伴いますが、それよりも、ユーロへの加盟を続けて、永久に債務の束縛を受け、果てしない不況に見舞われ続けたほうがよいと言えますか？

みなさん。平和を愛する人々は戦争を望みませんが、かといって戦争の脅しに屈して自由を放棄することはありません。それと同じように、私が申し上げるように、グレグジットを拒絶しながらも、グレグジットの脅しに屈して永遠の不況状態に甘んじるつもりはないと宣言することは、完全に理にかなったことなのです。★17

選挙が近づき、私が次の財務大臣になるという噂《うわさ》が広がると、私は綱渡りをしているような状態になった。伝統的には、財務大臣はウソをつくものだ。実際、金利や為替レートの変

更を画策《かくさく》していても、それを否定するのが彼らの義務のようになっている。それは、市場が事前に反応して、政策変更の望ましい効果を損なわないようにするためだ。私の場合は違う。ギリシャの人々のために堅実な交渉を行うという私の立場を損ないかねないような、銀行取り付け騒ぎを助長することなく、債権団が次にどんな金融攻撃を仕掛けてくるのかについて、人々に事実を話さなければならない。

私のとった戦略は、私たちが盟約に忠実であればプラスの結果が期待できるという楽観論を交えながら、あるがままの事実を話すことだ。ある朝、民放でのインタビューで、私はこう言った。「マリオ・ドラギ氏がギリシャの銀行やATMを閉鎖するぞと脅してきたら、その暴挙は欧州連合の条約と精神に違反しますよと言い捨てて、電話を切る覚悟がシリザになければ、私たちが選挙に勝つ意味はありません。アイルランドやキプロスに対してECBはそういう仕打ちをしてきたのですから、ギリシャの人々もECBの脅しに備えておかねばなりません」

次期財務大臣と目される人間の言葉としては身も蓋《ふた》もないが、人々だけが私たちの味方だから、彼らに重要な事実を知らせないわけにはいかないのだ。彼らは最悪の事態に備える必要がある。同時に、彼らの精神を鼓舞《こぶ》する必要もある。私は別のテレビインタビューで、ECBは銀行を閉鎖するのですかと聞かれたとき、注意深く返事をした。「私たちが正しくカードを切っても、それが起こる可能性はあります。明日の朝、太陽が東から昇らない可能性だってあるのですから」

このテレビインタビューの翌日に公開した記事では、私はもっと率直《そっちょく》に懸念事項を述べた。私たちが交渉している間、証券取引所も、株価をはじめとするあらゆる金融指標も、麻痺状態に陥《おちい》るかもしれないと注意したのだ。しかし、注意を喚起する一方で、楽観論でバランスをとった。「交渉が続いている間は、市場や投機筋では脳卒中が流行《はや》るかもしれません。でも交渉が終了し、ギリシャが健全な国家として立ち直れば、市場は私たちの音楽に合わせて踊り始めるでしょう」

人をびっくりさせずに正しい情報を与えること。不安を煽らずに警告すること。そこには苦しいジレンマがあり、バランスをとるのは難しかった。★18

ほかの仕事はもっと簡単だった。

敵の武器を却下する

経済学者の友人たちは、私が世界最悪の仕事に巻き込まれようとしているのではないかと心配して、支援の手紙やeメール、それに電話をくれた。就任初日に資本規制を実施しろと助言してくれる者もいた。どういうことかというと、E

ＣＢが自分で引き起こした取り付け騒ぎを止めるという名目で、銀行やＡＴＭを閉鎖するというのなら、先手を打って、預金者が口座からカネを引き出したり、海外に送金したりする金額に、制限を加えてはどうかというわけだ。つまり、取り付け騒ぎを遅らせて、銀行が閉鎖される前に時間を稼ぎ、静かな環境で交渉できるようにするという考え方だ。この助言を私が断ったのには、三つの理由がある。

第一に、資本規制の導入は明らかに、自国通貨に復帰してそれを切り下げ、競争力を回復させようとする陣営にとっては最初の一手である。この場合、通貨の下落が予想されて資金の流出が起こるのを防ぐために、資本規制の導入が必要になる。言い換えれば、私たちがグレグジットを選び、ユーロ圏を去ることを意図している場合に限り、それは正しい選択だ。逆に言えば、それは私の交渉目標にも反するし、その交渉目標を相手に信用させようという戦略にもそぐわない。さらに、私たちが心からユーロ圏に留まりたいと望んでいることを、ブリュッセルに信用させることができたとしても、資本規制は、ユーロを持っているのに好きなように使うことができないような、ユーロ圏内の二流国民になりたいと宣言するのと同じことだ。私が意図しているのは、その正反対の意志表示だったのだ。

第二の理由は、交渉に使える時間は債務返済スケジュールによって決められているので、資本規制をしても時間は稼げないということだ。返済は二〇一五年四月に始まり、八月まで続く〔原文のまま。詳しくはこの章の原註★4を参照〕。したがって、遅くとも二〇一五年六月までには合意に至らなければならない。たとえ私が銀行取り付けを完全に止める魔法の杖《つえ》を持っていたとしても、それでも四か月から五か月で交渉を終えなければならない。資本規制をしても、この事実はまったく変わらないのだ。

第三の理由は、資本規制は通貨同盟にそぐわず、その精神と現実に反するということだ。ユーロ圏だけでなく、すべての共通通貨圏の本質は、マネーが妨害を受けずに自由に移動できるということだ。政権発足の初日にこちらから資本規制を行ったとしたら、資金の移動を妨げて脅しをかけてくるＥＣＢを私は批難できなくなる。反ヨーロッパ連合主義者だ、ギリシャの方からグレグジットを準備している、ユーロ圏の一体性を切り崩そうとしている、などという、私やシリザ政権に対する批判は、私が資本規制をした瞬間に証明されたことになってしまう。何よりギリシャの人々が混乱するだろう。なぜ政府は、共通通貨圏のなかでよりよい協定を実現するために努力すると言っておきながら、銀行口座からカネを引き出すのを禁じるのか、同じ通貨同盟に属する他国への送金を妨げるのかと訝《いぶか》るだろう。交渉が始まる前から、この批難合戦に敗れることは目に見えている。
ほかに、シリザ政権が交渉中に時間を稼ぐための提案は、なんとトマス・マイヤーから示されていた。彼はドイチェバンクのチーフ・エコノミストだった人物だ。彼の考えは、ギリシャ国内でユーロに並行して第二の通貨を導入すれば、流動性と交渉の余地が確保できるというものだ。これは興味深い考えだが、危機対策として私自身が二〇一〇年に検討して、却下したものだ。[★19] 彼の考えの要点はこうだ。緊縮策を逆転させるべく、賃金は国債に裏付けられた新通貨で支払い、賃上げを行う。新通貨はもちろん、即座にユーロに対して切り下がる。その結果、ギリシャの労働者の給料や年金受給額は少し膨らむが、ユーロで測ったギリシャの労働コストは、ドイツやフランス、ポルトガルに比べて安くなり、ギリシャの国際競争力が強まるというわけだ。

トマス・マイヤーに対して私は、並行通貨案に賛成できない理由を二つ挙げた。第一に、「私たちに敵対する政党や利益団体は、すでに恐怖心を煽っています。私たちが秘密の政策を持っていて、ユーロからギリシャを離脱させ、人々の預金を台無しにし、ギリシャを第二のアルゼンチンにしようとしている、というわけです。あなたの提案は、私たちの敵にとっては、こういう宣伝をするうえで、計り知れない価値があるでしょう」。第二に、並行通貨がなくても、私がすでに策定していた並行決済制度によって、必要な柔軟性が確保できるからだ。

驚いたことに一か月後、ドイツの財務大臣であるヴォルフガング・ショイブレ博士が、資本規制と並行通貨という二つの政策措置を、私に対する武器として振りかざしてきたのだ。こうして、敵の武器を早い段階で却下しておくという決断が、正しかったことが証明された。しかし後に私は、財務大臣を辞任すると間もなく、これらを二つとも導入しようという悪魔のような政策を練っていたとして、轟々《ごうごう》の批難に晒された。ああ、それがベイルアウティスタンの日常なのだ。

穏健な頑《かたく》なさ

選挙が近づき、マリオ・ドラギやEU、IMFの高官たちに、二つのシグナルを送らねばならなくなった。一つは穏健さ、もう一つは頑《かたく》なさである。信じてください、私たちは実体と技巧を兼ね備えた債務再編策を提案します。それは、ギリシャにチャンスを与える一方で、ECBの規則に違反せず、何より、ドイツ連邦《ブンダバー》議会で騒いでいる議員さんたちに対して、メルケル首相が見事な自分のアイデアとして説明できるものです。でも、誤解しないで下さい。あなた方がギリシャの銀行を閉鎖してきても、私たちは絶対にブタ小屋に叩き戻されることはありませんよ。

二〇一五年一月一七日。選挙の一週間前のことだ。私は、大アテネ選挙区の国会議員候補としての公的権限を用いて、ギリシャの公的債務再編に関する私の案を説明するプレスリリースを行った。

第一に、債務を四つの部分に分けるのだ。

(一) ECBが二〇一〇年から二〇一一年にギリシャ国債を購入したせいで、ECBに対して負うことになった債務(いわゆるSMP国債であり、二〇一二年に彼らが買い入れなかったら、九〇%のヘアカットが行われていたはずのものだ[★20])

(二) 最大部分(債務全体の六〇%)であり、二度の救済策によってヨーロッパ諸国に対して負うことになった債務

(三) IMFに対する債務(債務全体の約一〇%)

(四) 二〇一二年のヘアカットの後も、民間債権者に対して負っている債務(債務全体の約一五%)

これらの各部分について、私の提案はこうだ。IMF(三)と民間債権者(四)に対する債務は全額履行《りこう》する。後者は金額が小さく、ヘッジ・ファンドとの戦端《せんたん》を開いてアルゼンチン型の国際的紛争を引き起こしても、政治的な利益はほとんど得られない。それに、彼らはすでに二〇一二年に九〇%のヘアカットを呑まされていたからだ。IMFについては、彼らは間違った経済予測を、間違いと知りながらふれて回り、ブリュッセルやベルリンがギリシャを債務で縛り付けるのを可能にした共犯者なのだが、私たちはドイツだけでなく、(IMFを自分のものだと思っている)米国まで敵に回したくはなかった。さらに、IMFの融資を踏み倒《ヘアカット》しすれば、マレーシアや日本など、ヨーロッパの内輪揉《うちわも》めに関わりがなく、ギリシャ政府の言い分に耳を貸してくれるかもしれない国々にも、損害を与えることになる。

ECBに対する債務(一)は、まったく馬鹿げた債務だ。SMP国債を購入した当時のECB総裁の名前を取って、私はこれを「トリシェの遺産」と呼んでいる。この債務は、ギリシャ国債の市場価格が額面の一割程度まで下がり、ギリシャが債務の額面額の七割を支払えなくなった時に、ECBがその国債を買い上げるという間違いを犯したために残ったものだ。それ以来、私たちは世間を欺《あざむ》きながら、実際にはECBへの国債を償還するために、ECBからカネを借りるという病的な儀式を続けているのだ(第3章「サクセス・ストーリー」を参照)。こんなイカサマはさっさと終わりにすべきだ。

理性的な欧州連合においては、この馬鹿げた債務は帳消しにされねばならない。しかし、ECBの定款《ていかん》ではそれが許さ

れない。ＥＣＢの定款に適合させるために、私は英国財務省を手本にした。英国財務省は長年、無期限債とか永久債とかいうものを発行してきている。これらの国債には金利を支払わないといけないが、元本は「ある時払い」でよい。実際、一七二〇年代の南海泡沫《ほうまつ》事件のときや、ネヴィル・チェンバレンやウィンストン・チャーチルによって世界大戦前後に発行された永久債は、二〇一四年末と二〇一五年初めにようやく英国財務省によって償還された。私の提案はこうだ。私たちは新たに、ＥＣＢが保有する国債と同じ額面額で永久債を発行する。それにはわずかに利子が付くが、満期日や償還日はない。これをＥＣＢの保有する国債とスワップし、ＥＣＢの財産目録にきちんと永久的に記載する。これは永久にちょっとずつＥＣＢに利子をもたらす。したがって、ギリシャの国債はけっして帳消しや貸し倒れにはならないので、マリオ・ドラギが定款に違反することにはならない。

最後に、最大の債務部分（二）についてだ。これらは、二回の救済策によって、ヨーロッパ諸国の納税者に対して負うことになったものだ。私はこれについて、別の形のスワップを提案した。欧州金融安定基金★21（ＥＦＳＦ）に対する債務は、新規の三〇年物ギリシャ国債とスワップする。これは既存の債務と同じ額面額とし（したがって表向きは債権放棄《ヘアカット》を伴わず）、しかし二つの条件を付ける。第一に、ギリシャの国民所得が一定の基準以上に回復するまで、毎年の返済は猶予される。第二に、利子率はギリシャ経済の成長率と連動する。こうして、ギリシャに対する債権団は、ギリシャの経済回復のパートナーとなり、返済の原資の膨らみに関心を持つようになる。

これらの債務スワップ提案は、私が選挙前に提示したものだが、私が財務大臣職に就けば、債権団に提示する実際の提案の基礎となるものだ。これらは露骨な債権放棄を含んでおらず、穏健であり、債権団の好みにも合うものだ。ＥＵが新たな役割を引き受けることを、人々や投資家に対して宣言することにもなる。つまり、ＥＵの債券回収額がギリシャの名目所得の成長率と連動することになれば、ＥＵはもはや破産した国家に対する無慈悲な借金取り立て屋ではなく、ギリシャの成長のパートナーになるということだ。こうして、投資に飢えたギリシャに、投資の流れが引き起こされる。ギリシャの不況が終わり、誰もが利益を受ける。損をするのは、経済的な困窮《こんきゅう》が続くなか、汚穢《おわい》のなかで繁殖《はんしょく》していたゴキブリたちだけだ。

これまでＥＵやＩＭＦの高官から、この提案の論理への批判がなされたことは一度もない。批判できるはずもない。米国最大級の投資銀行のＣＥＯは私の提案を聞いて、「ウォール街の破産弁護士が思いつきそうな交渉案ですね」と言った。

まったくだ。このごく穏健な提案をＥＵやＥＣＢ、ドイツ政府に持ち込むために、ギリシャではわざわざ急進左派政権が誕生せねばならないのだ。このことが、ユーロ危機をきっかけに欧州連合が馬鹿げた組織になっていたことの証《あかし》である。

しかし、いくら私の提案が論理的に申し分なく、明らかに穏健なものだったとしても、二〇一五年一月当時まで、私自身がこれで債権団を説得できると信じたことは一度もない。トロイカの対ギリシャ・プログラムと少しでも矛盾するならば、いかなる提案も、むき出しの敵意と銀行閉鎖の脅しを食らうだろう。それは二〇一二年以来、ほかならぬ私がアレクシスに話してきたことなのだ。論理はほとんど問題ではない。お互いの経済的利益も重要ではない。債権団はカネを取り戻したいとは思っていないのだ。彼らにとって重要なのは権威である。その権威が、左翼政権の挑戦を受けているのだ。左翼政権が自国を救うために新たな協定の交渉を行い、それに成功するなんてことは、債権団にとっては最大の悪夢なのだ。そんなことになれば、同じような危機、同じような非合理な政策に苦しんでいるほかのヨーロッパ諸国が、同じような考えを持つようになるかもしれないではないか。

穏健で、合理的であり、技術的にも実現可能な債務スワップ案は、必要であるが十分ではない。財務省の敷居《しきい》をまたぐまでに、私にはどうしても相手方に知らせておく必要があった。彼らが私たちを攻撃すれば、彼らも痛い目に遭《あ》うのだぞ、と。銀行閉鎖が行われたら、シリザ主導部との盟約に従って、最大の抑止策と並行決済システムを作動させるのだ。二〇一五年一月のＢＢＣのインタビューで、サインを送るために私はこう発言した。

私なら［ギリシャの］次の財務大臣に、こうアドバイスします。ＥＣＢがギリシャの銀行を閉鎖すると脅してきたら、ＥＣＢが保有しているギリシャ国債を即座に踏み倒しなさい。それは今でもギリシャ法の管轄《かんかつ》ですから、ＥＣＢはギリシャ政府を、ロンドンやルクセンブルクの裁判所ではなく、ギリシャの裁判所に訴えることになります。それと同時に大臣は、銀行制度とは別に機能するような、並行決済制度を準備しておくべきでしょう。ユーロ建ての流動性を、自前で創り出せるようにするためです。ここが大事なところですが、もしＥＣＢが銀行を閉鎖させることに決めても、経済が機能するようにするためです。

後で分かったことだが、このメッセージは届いたようだ。こうして戦線が敷《し》かれた。★22

5. 光明が消えることへの怒り

Raging against the dying of the light

総選挙が近づくにつれ、心強さと孤独がない交《ま》ぜになった奇妙な感覚に襲われた。通りでも、集会でも、タクシーのなかでも、そしてアレクシスやチームメンバーたちと顔を合わせるシリザ本部でも、私は連帯感や温かさを感じ、共感をもらい、強い支持を受けていた。しかし心の奥底では、私は組織から孤立しており、カネも人手も足りず、自分だけが頼りだと思っていた。これまで国会議員などやったことはなく、党員でさえなく、過去三年間はオースティンに住んでいたのだ。アレクシスの言うとおり、支持基盤はまったくなかった。

私に政権入りを勧めてくれた仲間たちには、秘書や運転手、個人のオフィス、人脈があった。それに引きかえ、私にはダナエの応援と、オートバイと、アクロポリスの麓《ふもと》のアパートしかなかった。そのアパートで私は、インタビューを受け、会議を開き、ブログの記事を書き、選挙活動のすべてを行っていたのだ。あるとき、シリザ本部から電話があった。国会議員の候補者は、法律に則って、特別の銀行口座を開設して、選挙活動のための寄付金をすべてそこに預金し、選挙関連の出費はすべてそこから引き出さなければならないというのだ。義務だというので口座を開設したが、預金は入れなかった。寄付を求めたことも受けたこともなければ、スタッフもいないし、選挙広報媒体への支出もゼロだったからだ。私の広報媒体は、私がこれまで運用していた英語版ブログに加えて、自分で作ったギリシャ語版のブログだけだった。これも無料のブログサイトを利用した。

私には、選挙活動で一般に必要とされる道具立ては不要だった。だが、当選後に味方を従えずに財務省に乗り込むことを考えると、ぞっとした。そんなことになれば、これまでベイルアウティスタンの忠実な下僕《げぼく》だった官僚たちや、ドラガサキスやシリザ本部が送り込むスタッフに頼りっきりになってしまう。そこで、選挙日までの数週間を、私にとって最高のチームを結成するのに使った。

財務省を監督する主要ポストである財務副大臣を決めるに当たって、私はアレコス・パパドプロスと喫茶店で話をした。彼は一九九〇年代にPASOKの財務大臣を務めた人物で、私とは何年も前から知り合いだった。私は彼の高潔《こうけつ》さを信頼していた。財務大臣を務めた人間のなかで、在職中にこの国の財政状況をきちんと把握していた人物は彼だけだったと思う。彼はその頃もシリザには敵対的であったが、適任者を考えてみると約束してくれた。その夜、彼はeメールでディミトリス・マルダスという名を教えてくれた。私には聞いたことのない名前だったが、その筋に詳しい私の友人によれば、有能で公明正大な人物だということだった。次の朝、私はマルダスに電話をし、彼が想像だにしなかった申し出を伝えた。[★1]

もっと重要なのは、財務省経済諮問《しもん》委員会の委員長ポストだった。ユーロ圏諸国の大統領や首相は、ユーログループに出席する忠実な財務大臣と密接に協力しないかぎり、何ごとを成し遂げることもできない。それと同じように財務大臣は、いわゆるユーログループ作業部会《ワーキンググループ》に出席する経済諮問委員会委員長と密接に協力しなければ、何ごとも成功させることはできない。ちなみにユーログループ作業部会は、ユーログループ会議の準備作業を行う場所とされているが、実際にはトロイカがここを、計画や政策を策定するための影の作業場として使っている。

ところで、このポストについては、私がギリシャの地を踏む前に、私の代わりにドラガサキスが人選を済ませていた。ドラガサキスが選んだのは、ヨルゴス・フリアラキスという三〇代の経済学者だ。ギリシャ中央銀行に配属される前に、マンチェスター大学で教えていたという男だ。「彼はいい奴《やつ》です。経済諮問委員会の連中と非公式に仕事をして、私たちのために準備を進めてくれていましたよ」と、ドラガサキスが教えてくれたのは、私がギリシャに到着して最初の会合だった。選挙まであと数週間のことだ。私の親友のヴァシリは、ドラガサキスの意図や判断にいつも疑念を抱いていたので、この人選にぎょっとしていたが、私は現場で準備を進めている人間がいると聞いて嬉しかった。

私は初めて会ったときに彼が気に入った。仲間に入れるには明らかに能力不足だったし、やけに本音を隠したがる様子があるにもかかわらずだ。彼によれば、アテネ大学の学生だったころの指導教官は、私が心から敬愛する革新系の、聡明《そうめい》な二人の経済学教授だった。しかもそのうちの一人は私の元同僚で親友のニコラス・セオカラキスだ。二〇〇〇年に私がアテネ大学に赴任《ふにん》した後に結成した、ストゥルナラスを含む学者四人組の一人だった男だ。[★2] それを聞いて、彼に対する懸念が和らいだ。また、私は財政政策に関する事務局長にニコラスを任命しようと考えていたのだが、フリアラキスの言葉が、それを実行に移す後押しになった。

チームの結成に際して、実際にトロイカと交渉した経験のある人物が誰もいないことが、私には不安だった（トロイカとは、ＥＵやＥＣＢやＩＭＦの代理人としてしばしばアテネを訪れ、ギリシャの省庁に立ち入り、大臣たちに対して官憲のように尋問や命令をする専門官僚集団《テクノクラート》のことだ）。もちろん、私たちはベイルアウティスタンの下僕として働いたことがなく、ギリシャの公務員やトロイカの官僚たちに蛇蝎《だかつ》のごとく嫌われている人間集団なのだから無理もない。幸運なことに、私はある日、エレナ・パナリティのことを思い出した。彼女ならトロイカの言語や手口を理解しているはずだ。

彼女は長年ワシントンで、主に世界銀行で働いてきた。いわゆるワシントン・コンセンサス（経済危機に見舞われた国々に対する米国流の改革パッケージ）に関わる組織や機関の有力者たちのなかに見事な人脈を築いていたのだ。その人脈に含まれるラリー・サマーズ元財務長官と私がのちに面会できたのは彼女の紹介のおかげだし（第1章参照）、デヴィッド・リプトンはＩＭＦのナンバー2《ツー》だ。彼女はペルーで、世界銀行の一員としてフジモリ大統領の独裁政権と協力して仕事をしていたため、ギリシャに限らず世界のどこでも、左翼からは怨嗟《えんさ》の対象とされていた。彼女を弁護するとすれば、誰と一緒に仕事をしたにせよ、彼女の仕事そのものは重要で革新的なものであった。貧民街に住む人々は彼女のおかげで掘っ建て小屋の権利証書を手に入れ、住居に投資して、そこで平穏に暮らせるようになり、またその住居を資産として活用し、公式の市場にもアクセスできるようになったのだ。

ヨルゴス・パパンドレウが党の候補者リストに彼女を載せたことから、彼女はパパンドレウ政権下で国会議員となった。その頃、最初の救済策に彼女が賛成票を投じたのは事実だ。しかし彼女は、救済策が成功してギリシャが間もなく混乱から脱出できるというウソを、けっして信じてはいなかった。当時、彼女が私に話してくれたことだが、パパンドレウや彼の仲間たちが途方もない心理的圧迫を加えてきたために、賛成票を投じざるをえなかったのである。また、エレナの名誉のために言えば、彼女はその後、ベイルアウティスタンに最も批判的な人物の一人になった。その国会のヤマ場でのことだ。二〇一一年の特別委員会の会議中に、彼女は立ち上がり、彼女独特の（母語ではない）ギリシャ語で、抑えがたい感情に声を荒げながら、まさにギリシャが債務の植民地になろうとしているのを黙認している大臣たちに対して、厳しい批難を浴びせたのである。[★3] そのため、選挙の数日前に彼女と再会した時、私は一瞬のためらいもなくチームに入ってくれと頼んだ。かつて悪魔に仕《つか》え、その経験をもって悪魔の宿敵に転じた人物以上に、その悪魔と戦うのに適した人物はいないのだ。

同じことは、ナタシャ・アルヴァニティについても言える。彼女は、ニコラス・セオカラキスと私が二〇〇三年にアテネ大学で立ち上げた経済学博士（ＰｈＤ）プログラムの参加者だった。その後ナタシャは官僚となり、やがてブリュッセルに配属され、トロイカのために働いた。欧州委員会の専門官僚としてキプロスのニコシアに送られ、救済策を執行したのである。赴《おもむ》いた先々で、直接自分の目でトロイカが破滅をもたらすのを見てきた人物だから、私のチームにはうってつけだ。ナタシャやエレナのおかげで、私はトロイカのムードやサインをより正確に読み取り、適切な交渉戦略を策定できるようになったのだ。

彼女たちを採用したことのマイナス面は、シリザやアレクシスの側近たちのなかで、何とかして私の足元をすくおうという人間たちに、バルファキスが降伏の準備をしていると言い張るためのネタを、豊富に提供したことだった。

ある日、アレクシスが注意してきた。「先生、党内で問題が起こりますよ。エレナやナタシャのような人間が、本当に必要なんですか？　救済策との関わりで、彼女たちには汚点があります。党員たちは激怒していますよ」

私は答えた。「アレクシス、トロイカとの対決がどんなに厳しいものになるか、本当に分かっているのかい？　彼らは敵に、ギリシャの人々に情けをかけるような人間たちではないんだよ。私のチームには、彼らを知り、彼らの手口を理解し、侮《あなど》れない相手だと彼らに思わせられるようなスタッフが必要なんだ。ほかにも……」と、私は説明を続けた。エレナやナタシャを私が信頼するのは、シリザの仲間たちとは違って罪の意識があるからなんだ。彼女たちは、自らトロイカの所業の不名誉を背負ってきた。そしてトロイカに鍛《きた》えられた。だから、トロイカを退治するぞと息巻いている未熟な仲間たちと比べても、彼女たちが敵に寝返る可能性は低いと、オレは確信しているよ。

アレクシスの困惑を意に介することなく、私はトロイカを裏切った人間たちに協力を求め続けた。それには外国在住の人たちも含まれる。グレン・キムという名で、マスコミにいる仲間に推薦してもらった。グレンは銀行家で、ギリシャとユーロ圏諸国やドイツとの巨額の国債の取引に関わってきた男だが、いまでは独立して、ヨーロッパ諸国の政府の仕事を請け負っている。ギリシャの債務スワップの一環として私が提案しようとしていたGDP連動債について、彼が「大変な専門家」だと聞いたので、私はすぐにグレンとコンタクトをとった。

数日後、すなわち選挙の一〇日前のことだ。ストゥルナラスのギリシャ中央銀行にほど近いカフェで、グレンと私はコーヒーを飲んでいた。彼は、ほかならぬドイツ財務省から一定額の報酬をもらって、ギリシャの救済策だけでなく、ユーロ圏の救済基金を設計するうえで、重要な役割を果たしていたことを白状した。★4

「二〇一一年と一二年に、私たちはギリシャに対して非道《ひど》いことをしました」と彼は認めた。

今は何をしているのですかと私が聞くと、アイスランド政府のために働いていますと彼は答えた。債務再編を手伝い、二〇〇八年の金融崩壊の後で導入された資本移動規制の解除に向けての仕事をしているという。

彼は言った。「あなたのGDP連動債は名案です。私には、それを仕上げるお手伝いができると思います。これが、私のような人間たちがギリシャにもたらした長期にわたる損害に対する、私なりの償《つぐな》いです」

私はこの言葉にいっさいケチをつけるようなことはせず、もし私たちが選挙に勝ったなら、翌日の一月二六日にアテネに来てくれるように頼んだ。

冷笑的な人たちは、グレンのような専門家はカネとキャリアだけが目当てだと言うかもしれない。そうかもしれない。しかし、裏の事情を知っているグレンのような人間を味方に付けることは、何物にも代えがたい武器となるのだ（グレンが私たちのチームにいることを知ったとき、トロイカの幹部たちは心臓発作を起こしそうだった）。だが、グレンの場合には、彼の専門性だけでなく、啓蒙《けいもう》された利己主義を超えた何かをアテにすることができた。選挙の二日前、グレンは私へのeメールでこの約束を確認してくれたのだが、そこにはこう書かれていた。「バルファキスさん、もしすべてがうまくいけば、ギリシャの（そしてヨーロッパの）人々は、未来への新たな航路を海図に描き込むことになるでしょう。……今週末、こんなことを考えているとき、私はふとホメロスの言葉を思い出しました。εἷς《エイス》 οἰωνὸς《オイオノス》 ἄριστος《アリストス》 ἀμύνεσθαι《アミュネスタイ》 περὶ《ペリ》 πάτρης《パトリス》、これはホメロスの『イリアス』の一節で、自分の国のために戦うことほど縁起のいいことはない、というような意味です」

ほかにも私たちのために力を貸してくれる有力者が現れた。ダニエル・コーエンとマティウ・ピガスが率いる、フランスの投資銀行ラザールだ。グレンと同様に、ラザールも二度目の救済策ではコンサルタント兼ファシリテーターとして関与し、苦悶《くもん》するギリシャ政府から数千万ユーロの手数料を徴収《ちょうしゅう》した。そのためダニエルやマティウが私に会いたいと言ってきたときには、私は混乱し、身構え、疑いを持った。だが、彼らが共犯者だったことを率直に認め、謝罪の言葉を述べ、ギリシャが再び自立できるためのサービスを無償で提供すると申し出ると、私は心を許した。

こうした比類なき裏切り者たちを味方につけて、私たちの専門的力量はこのうえなく強くなった。シリザの内部やその人脈には、これほどの専門知識にアクセスできる人間はいない。彼らは私にとって迫撃砲のような存在になるだろう。もちろん、私と彼らとの関係は、いろいろな意味で汚点とみなされた。グレンの存在がトロイカを驚愕《きょうがく》させたのとまったく同じ日に、野党の議員が次のような質問状を国会に提出したのは、偶然ではない。それは、ギリシャ政府のチームになぜ「韓国人」が必要なのか、バルファキスと彼とはどういう関係なのかと問うたものだが、それは米国やアジアなどの闇の権力と私との汚らわしい関係をほのめかすものだった。[★5]その頃、シリザの人たちも善意と純粋な懸念から、党に対して忠実に、私がトロイカとのファウスト的な取引を準備しているという注意を発していた。

実際のところは、シリザの血気盛んな若造たちが挫折《ざせつ》した後も、エレナやナタシャ、グレン、そしてラザールの優れた人たちは、トロイカに対する断固たる姿勢を崩さなかった。トロイカを離反した彼らは、アテネ大学経済学博士プログラムの学生や卒業生とともに、無心で私たちを支援し、優れた経済モデルを生み出し、頻繁《ひんぱん》な交渉にも疲れを見せなかった。ユーログループやマキシモスなどの会議室ではいつも、いい大人たちがみっともない振る舞いをしていたが、毎度の会議の直前に必ず私の気持ちを支え、背中を押してくれたのは彼らだったのだ。

専門家チームを結成する一方で、私は国外の友人や、仲間になってくれそうな人たちとコンタクトをとった。ノーマン・ラモント卿《きょう》にも手紙を送った。

親愛なるノーマン、

報道でご存じかもしれませんが、今度の日曜日にギリシャで投票が行われます。よきにつけ悪しきにつけ、大アテネ選挙区から私も出馬します。世論調査によれば、私は当選という「有罪判決」を受けることになりそうです。さらに悪いことに、わが党が政権をとった場合（それはありうることですが）、私は財務大臣職を引き受けることになります。資金はありませんが、ブリュッセルやフランクフルトからの圧力には事《こと》欠きません。私にとって激動の日々が迫っているわけですが、あなたの先見性に富んだご助言をあてにしてもよろしいでしょうか？

はいと言っていただけると信じております。

ヤニス

ノーマンはすぐに返事をくれた。もちろん、喜んで助言をしてくれるという。私が、今回の問題は債務や国債よりも遥かに深く、ギリシャ国会の主権に関わるものです、民主主義という贅沢品《ぜいたく》は、債務国の市民から取り上げられるべきものなのかが問われているのですと伝えると、彼の返事はこうだった。

> もちろん、国会の主権や民主主義に関するあなたの言葉に全面的に賛成いたします。私はこれまで、キャメロン首相やオズボーン財相に理解してもらおうと努めてきました。彼らの望みどおり、英国とEUとの関係を再交渉する機会が与えられれば、その交渉は経済や競争力の回復だけでなく、国家主権の回復に関わるものでなければならないということをです。この点について、あなたと私の考えは同じです。また、ユーロ圏ではあまりにも緊縮策のみが強調されてきたということにも同意いたします。……もしあなたが財務大臣となられたら、喜んでできるかぎりのお手伝いをいたします。……私にもアイデアがあります。幸運を祈ります。
>
> ノーマン

ラモント・オブ・ラーウィック卿は、生粋《きっすい》の保守党員で、欧州統合懐疑主義者《ユーロスケプティック》として知られる人物だ。英国を欧州通貨制度（EMS）から脱退させ、ユーロ不参加の道を固めたのも、この元財相だったのだ。彼と私との友情は、イカれた急進左派という私のイメージにまったくそぐわないものだ。ある者たちはこれこそが、私がラモントにそそのかされてユーロ離脱を決意したことの、動かぬ証拠だと言った。

もちろん事実はその正反対だった。数か月後に事《こと》はヤマ場を迎え、ヴォルフガング・ショイブレがギリシャにグレグジットを迫った。その時のノーマンからの助言は、それを検討する前に二回は考え直しなさい、それほどに自国通貨に復帰することのコストとリスクは大きいのです、というものだった。私が在職していた一六二日間にわたり、ノーマンは私を力強く支えてくれ、EUとIMFに対する私の改革・債務・財政提案の最終稿にも助言をくれた。もし左寄りの政治家たちが断固として立場を貫いてさえいてくれたら、結果はまったく違っていたかもしれない。

ノーマン以外の外国の支援者といえば、コロンビア大学の経済学者ジェフリー・サックスは助言者および賛同者として中心的な役割を果たしてくれたし、先述のドイチェバンクのトマス・マイヤーや、ラリー・サマーズもいた。ジェイミー・ガルブレイスは「ユーロ危機を解決する穏健な提案」を練り上げるために何年も私と仕事をしてきた男だ。ワシントンでアレクシスやシリザに対する敵意を抑える手伝いをしてくれたのも、アレクシスのスピーチを書いてくれたのも、英語圏でシリザ新政権を迎える雰囲気を整える会議を準備してくれたのも彼だった。

一一月二〇日に私は、威勢《いせい》のよいeメールをジェイミーに送った。

ジェイミーへ、

昨日アレクシスが教えてくれたのだが、有名な銀行家から彼に電話があったんだそうだ。オレを財務大臣に指名したら、選挙の次の日から銀行のATMが停止するぞと脅されたというんだ。そこでアレクシスは、あんたは何歳だと尋ねた。六五歳だという。するとアレクシスはこう切り返した。「あんたがおれを倒しても、おれはまだ若いから復活できる。あんたは違う！」

それは、古くからの友人たち、新しい友人たちを心から誇らしく思った瞬間の一つだ。危険で卑劣な敵が姿を現したことも、まさに望むところだった。

荒地

T・S・エリオット〔二〇世紀英国の詩人・劇作家〕やジョン・スタインベック〔二〇世紀米国の小説家・劇作家〕のような文才がないので、二〇一五年一月のギリシャの惨状の大きさを伝えるのは難しい。ここは統計数値の比較で満足していただくしかない。

英国では一九八〇年代初頭に経済が大きく悪化し、失業率が四倍に増えた。それは一九八〇年から八一年まで、一年間続いた景気後退による打撃であったが、そのさい国民所得は一・二六％減少した。次の景気後退が英国を襲ったのは一〇年後だが、この時も景気後退は一九九〇年から九一年にかけての一年間で、国民所得が一・七八％縮小した。さらに最近では、信用収縮《クレジット・クランチ》に続いて二〇〇八年から二〇〇九年にかけて一年間の景気後退が起こり、経済は動揺し、国民所得は五・一五％も落ち込んだ。この三回のトラウマを、ギリシャを襲った災難と比較してみよう。

最初の救済策が実施された二〇一〇年、国民所得は前年に比べて何と七・五％も急落した。救済策によって状況は好転したのだろうか？ 実際はその正反対で、二〇一〇年から一一年にかけて、国民所得はさらに八・九％も減少したのだ。それに比べれば二〇一一年から二〇一二年は好調で、経済はわずかに一・一％縮小しただけだった。それほど酷くなかったのはなぜか？ それは皮肉なことに、大不況によって政治危機が発生し、ギリシャ政府はさらなる緊縮策を法制化することもできなくなったからだ！

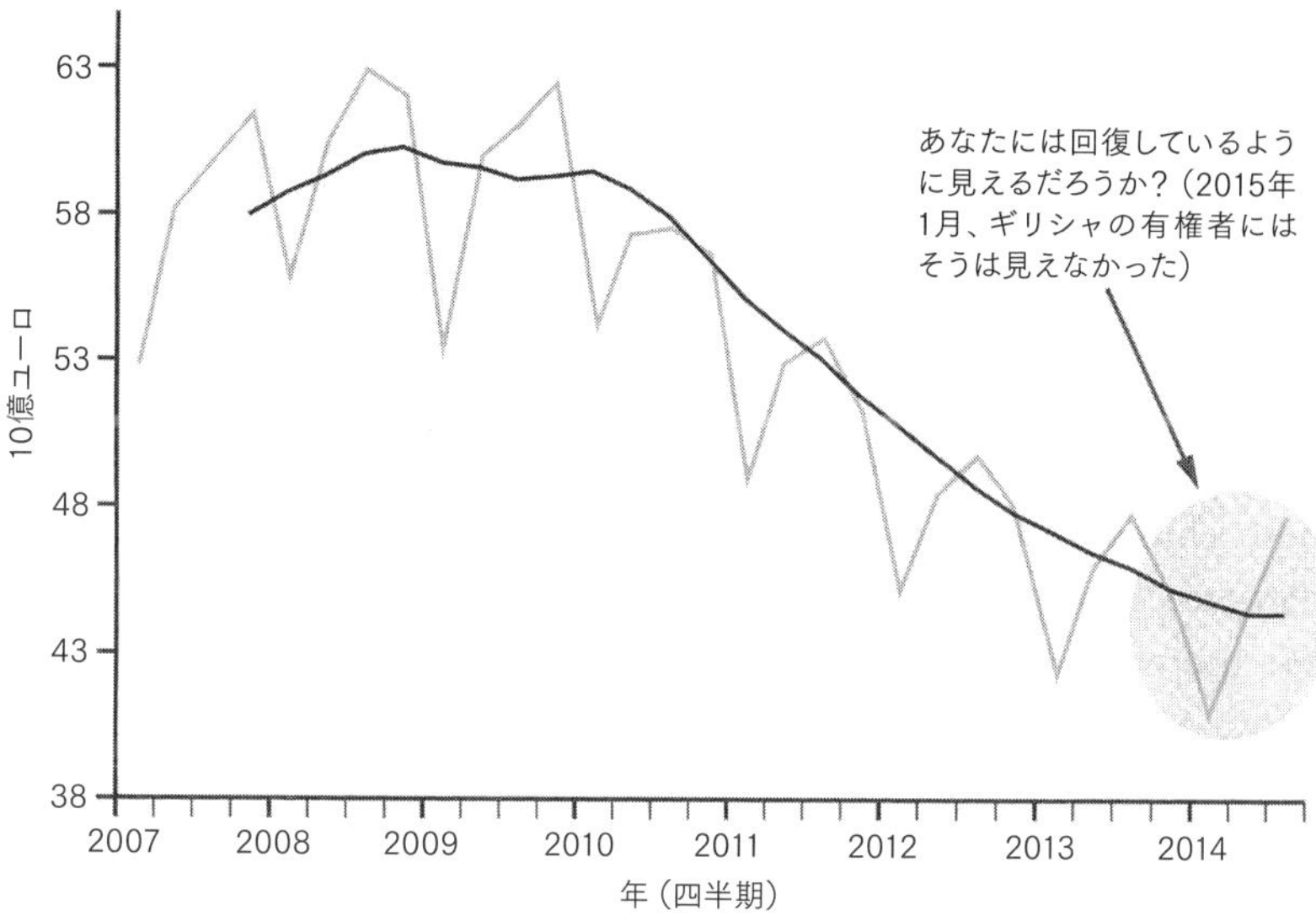

図１　ギリシャの国民所得（2007 ～ 2014 年）
中心化された４期移動平均を重ねている。

しかし、二〇一二年六月にサマラス首相が誕生し、国会でわずかながら安定多数を確保すると、トロイカは懲罰《ちょうばつ》を与えるかのように、彼に緊縮マシーンをフル稼働させ、失われた時間を取り戻させた。その結果は？　もっとも残酷な年月だった。二〇一三年の終わりまでに国民所得は一四％減少し、二〇一四年はさらに三・三％も縮小したのだ。

英国の友人たちは同情を寄せ、今のギリシャは大恐慌時の英国のようだと言ってくれた。そんなたとえをしてくれた親切心には感謝するが、それは訂正しないわけにはいかない。一九二九年から一九三二年にかけて、英国経済は四・九％縮小し、失業率は八％から一七％に上昇した（私はここで、モンティ・パイソンの「四人のヨークシャー人」という寸劇〔一九六七年にイギリスのテレビで放映されたコメディ。四人のヨークシャー人が自分のつらかった子ども時代を、オーバーに語り合う〕で、ジョン・クリーズという人物が「あなたラッキーね」「贅沢だ！」と叫んでいたのを思い出す）。それに比べれば、ギリシャは六年連続で景気後退に見舞われ、国民所得は二八％も減少し、二〇％以上の人々が職を失い、失業率は七％から二七％へと跳ね上がった。若年失業率は六五％を超えたのだ。

この文章を書いている現時点でも、二〇一四年末までにはギリシャの経済は回復に向かっており、二〇一五年一月二五日にギリシャのバカな有権者たちが私のような人間に投票しなければ、ギリシャは困難を脱していたはずだと信じている人たちがいる。乗用車の後部座席で手の焼ける子どもが「まだ着かないの!?」と暴れて運転手を混乱させるようなもので、ギリシャが経済回復への最後の直線《ストレート》に差し掛かったところで、有権者たちが暴れて車を路肩に乗り上げさせたというわけだ。彼らが選んだポピュリスト政権の財務大臣がいなかったら、三度目の救済策は必要なかったとも彼らは言う。それは当たっているのだろうか？

図1の灰色の折れ線グラフは、国民所得を示している。統計的なトリックでごまかすことなく、本来のユーロ単位で示している。そこに重ねた黒い折れ線は四期間の平均で、より明瞭《めいりょう》にトレンドを示すものだ。そして、楕《だ》円形で灰色に塗った部分は、経済回復が始まったとされる時期を強調したものだ。回復が始まっているように見えるだろうか？　ギリシャの有権者には、全然そのようには見えなかったのだ。

この経済状況のなかで、私がギリシャの財務大臣になる可能性が明らかになったころ、私は欧州議会議員やジャーナリストのほか、オピニオン・リーダーと呼ばれる人たちの前で演説を行った。新政権は「最近の経済回復」を台無しにするのでしょうかと質問されたとき、私は新聞や雑誌にけっして現れることのなかった惨《みじ》めな事実を、彼らに伝えなければならなくなった。

ギリシャには（国外脱出で急激に減少しているとはいえ）約一〇〇〇万人の人たちが住んでおり、二八〇万の家計が課税当局と「関わりをもって」います。その二八〇万世帯のうち、二三〇万世帯（納税者番号で三五〇万件）が納税義務を果たせないでいます。

一〇〇万世帯は電気代が満額で払えず、電力会社は料金徴収を「先送り」している。その結果、一〇〇万世帯が真っ暗な夜を過ごさねばならなくなることを恐れる一方で、電力会社は破産寸前だ。実際のところ、国営電力会社のパブリックパワー社は電気代の不払いを理由に、毎月三万の世帯や企業の電力供給を遮断している。

全世帯の四八・六%では、年金が主な収入源だ。しかしトロイカは年金をもっとカットするよう要求している。月額七〇〇ユーロだった老齢年金は二〇一〇年から二五%引き下げられ、今後数年で半分にまで切り詰められることになっている。

最低賃金は（トロイカの命令で）四〇%も切り下げられた。その他の公的給付は一八%以上もカットされた。

およそ四〇%の人々が、今年の支払い義務を果たせそうにないと言っている。

失業者数は二・六倍に増加しており、三五〇万人の被用者だけで、失業者と就業不能者の合計四九〇万人を養わなければならない。

ギリシャの労働力人口約四八〇万人のうち、約一三〇万人が失業者である。

一三〇万人の失業者のうち、失業給付を受給しているのは一〇%にすぎず、なんらかの給付を得ている人は一五%しかいない。残りは自分で何とかするしかないのだ。

民間企業で雇われている人たちのうち五〇万人は、三か月以上も給料を受け取っていない。

公共部門と契約した企業は、サービスを提供してから最長二四か月も支払いを待たされているのに、税務署に売上税を前払いさせられている。

二〇〇八年から二〇一四年の間に、中小企業は労働者数を二九・三%減らし、(付加価値でみた)生産高を四〇・二%も減少させた。

国内で営業を続けている企業の半分は、被用者《ひようしゃ》の年金と社会保障基金の負担義務を果たせていないという深刻な状況にある。

二〇一三年には公式に、三六%の国民が貧困ないしは社会的排除のリスクに晒《さら》された暮らしを強いられている。その比率は上昇傾向にある。

二〇一〇年以降、家計の可処分所得は三〇%も縮小した。

二〇〇九年から二〇一一年の間だけでも、医療支出は一一・一%も減少し、ＨＩＶ感染者や結核患者、そして死産が有意に増加した。

これらの惨憺《さんたん》たる統計数値は、明らかにギリシャが荒れ地と化していることを示しているものだが、これが改善の兆しに見えるというのか? 彼らはこれを、ギリシャの有権者が経済回復の兆候を見落としている証拠だとでも言うのだろうか?

グリークカバリー?

それにもかかわらず、二〇一四年一二月には、政府とトロイカは頑固《がんこ》だった。サクセス・ストーリーは事実で、経済回復の兆しがはっきりしているというのだ。さらに彼らは、「グリークカバリー(ギリシャ回復)」という新語を生み出した〔Greek+recovery=Greek-covery〕。しかし、製造業の生産高は、二〇一一年に四%減少し、二〇一二年にはさらに(大恐慌期の英国の製造業生産高の下落に等しい)一五%の落ち込みを見せた後、二〇一三年にわずかに回復したものの、二〇一四年から再び縮小を始めた。二〇一四年には工業生産高は三%減少し、純投資額はマイナスだった。★6 雇用に関しては、最低賃金がなんと四〇%も引き下げられ、ギリシャは世界中の新自由主義者にとっての希望の地と化していたはずなのに、正規雇用は減少を続け、不安定な雇用も少ししか増えず、総労働時間も縮小した。[★7] いったいどこに「グリークカバリー」などという根拠があったのか。

ちゃちな根拠はあったのだが、それは特殊な一連の統計数値に基づいている。まず実質賃金が上昇したのだ。実質賃金とは経済学の専門用語で、物価の変化分を調整した賃金のことだ。実質賃金の上昇によって購買力が高まったように見えても、それは物価の急降下〔デフレ〕によって生み出された幻影にすぎない。なぜなら、債務負担の膨張による大きな悪影響が考慮されていないためだ。この誤解については付録1で十分な反駁《はんばく》を行っている。

もっと大きな根拠は、二〇一三年には輸出額が輸入額を超過し、ギリシャが貿易黒字国になったことだ。これは状況の改善を錯覚《さっかく》させるものだ。二〇一〇年以来トロイカは、賃金カットの暗闇の先に輸出の増加という光明が現れると約束してきた。ギリシャ国内の企業のコストが引き下げられれば、その競争力が高まるはずだというのだ。そしてトロイカとギリシャ政府は二〇一四年末に、外国のメディアや金融業界紙、政府系やEU系のエコノミストたちとともに、「ほらみろ言ったとおりだろ」と言わんばかりに大はしゃぎした。「ギリシャは過去数十年来初めて経常収支黒字を計上した」と吹聴《ふいちょう》したのだ。

かつてギリシャが貿易黒字を計上していた時期がどんな様子だったのかを調べていれば、本当はとても酷い状況だったということは、彼らにもすぐに理解できただろう。それは一九四三年で、ナチスに占領されていた頃だったのだ。ギリシャの人々は食う物にも困り、輸入品など買えるわけがなかったのに、わずかながらオレンジやリンゴなどを輸出していたのだ。二〇一四年までに、経済崩壊がよく似た状況をもたらしていた。ギリシャの経常収支が黒字になったのは、労働コストが大幅に引き下げられたにもかかわらず財の輸出額が変わらなかった一方で、不況の深刻化によって、情けないことに輸入額が減少したからなのだ。[★8] お悔やみを言うべき理由が、祝福すべき理由にされてしまったのだ。

どこを見ても現実は明瞭《めいりょう》だった。政府が残された財産を売りに出そうとしたときも、それを買おうとする者はいないか、いたとしても怪しげな連中だけだった。たとえば、国営宝くじ協会が売却されたときに最高値で入札したコンソーシアムの手口を、私が知るようになったのは、財務大臣になってずっと後のことだった。政府にとってはこの案件が唯一の資金源なのに、この案件に対して雀《すずめ》の涙ほどのカネしか支払わないでおいて、それから困り果てた相手を存分に食い物にするというやり方だ。もっとひどいのは独占国営ガス会社の売却のケースで、そのときはロシアのガスプロムというプーチンお気に入りの巨大企業が興味を示していた。だが結局は、売却が宣言される数時間前に、ガスプロムはギリシャが提示した安い希望価格にも応じないことに決めた。代理人は、ギリシャのデフレスパイラルがひどいということを撤退の理由に挙げた。明日は価値が半分になっているかもしれないのに、どうして今日の値段が払えますか、というわけだ。

不動産は、平時にはかなり安全な投資だが、この分野の事情もひどかった。ヘリニコンという地区にある旧アテネ空港の敷地は一等地だ。ロンドンのハイドパークの二倍以上の広さで、エメラルド色をしたサロニキ湾岸にあり、アテネ郊外でも最も金持ちが集まる地域に隣接している。しかし、これに入札した人間は一人しかいなかった。しかも彼は、入札の条件として、彼が提示する買い値と同じぐらいの金額を、政府がこの土地の開発のために投資しろと要求したのだ。

その頃、サマラス政権や国際的な金融業界紙は、二度目の救済策によって、ギリシャの民間銀行の大幅な資本増強が成功したことに熱狂していた。しかし、トロイカからのカネを受け取って数か月後の二〇一四年二月には、資産管理会社のブラックロックが、民間銀行は大量の不良債券を抱えているので現金がもっと必要だと発表した。二〇一四年六月にはショイブレもサマラス政権を見放し、IMFも銀行のために一五〇億ユーロ〔約一・九五兆円〕の追加資金が必要だとリークした。これは、二度目の救済資金の残額である一一〇億ユーロ〔約一・四兆円〕よりも遥かに巨額だ。二〇一四年末までに、二度目のギリシャ救済策はカネも時間も尽き果てる。ギリシャ政府が翌年返済することになっている二二〇億ユーロ〔約二・八兆円〕の資金の目処《めど》は立たず、トロイカも三度目の救済策が必要となることを覚悟していたに違いない。言い換えれば、次の選挙で再選されれば救済ローンは不要だと、サマラス政権が主張していたまさにその時期に、IMFとショイブレは三度目の救済ローンが必要だということをはっきりと認識していたということだ。

突然の経済回復というおとぎ話、あるいは回復はすぐそこだという予言には、「傷つけたうえに侮辱《ぶじょく》する」(adding insult to injury) という私の好きなフレーズがぴったりだ。だが、なぜ侮辱するのだろう。傷つけるだけで十分ではないのか。その答えは次のとおりだが、それはなかなかにおぞましいものだ。

選挙四日前の二〇一五年一月二一日、私は最大の心配事を聞いてもらうために、ジェイミー・ガルブレイスに電話をした。もともと「グリークカバリー」という無茶話は、サマラス首相や大臣たちが選挙に勝つための方便だったはずだが、その頃には彼らも負けを覚悟していた。だが彼らは今度、批難合戦に勝つための準備として、経済回復のおとぎ話を吹聴するのではないか。三度目の救済ローンは不要だと言い張っておいて、本当はそれが必要だということが明らかになったとき、新政権の交渉スタンスのせいでそうなったのだと主張するのではないか。実際トロイカの立場からは、今度のシリザ政権に三度目の救済策を受け入れさせるのは、二〇一〇年以降彼らが引き起こしてきた壊滅《かいめつ》状況の責任から逃れられるという意味で、政治的にも完璧だった。持続不能な債務の借り換えから新規の救済策に至るまで、その後のあらゆる苦難はトロイカに対抗しようというシリザの無謀《むぼう》な試みのせいにされ、なかでもたった一人の人間に責任が負わされるだろう。

ジェイミーも、交渉のなかで新政権に動揺が生じたとき、窮地《きゅうち》に立たされるのは私だということに同意した。だが彼は、アレクシスは最後までブレないだろうと信じていた。二〇一三年六月にテッサロニキで、大勢の群衆を前に私たち三人が演説を行ったあの感動以来、私の疑念をジェイミーが共有したことはなかったようだ。投票まで何日かしか残っていないが、私たちは信念と熱意を結集させる必要がある。

さらに、私は次のように考えていた。ドイツのヴォルフガング・ショイブレ財務大臣は何年も前からグレグジットを望んでいたが、メルケル首相の反対で何度もそれが阻《はば》まれてきた。だからショイブレが、シリザ政権が断固としてトロイカと衝突するつもりなら、そのときこそギリシャをユーロ圏から追い出すべきだといって、メルケルを説得するチャンスだと考えてもおかしくない。彼にとってのリスクは、シリザが最後まで戦い、マリオ・ドラギやメルケルが最後に心を開いて、アレクシスと公正な協定を結んでしまうことだ。ヴォルフガング・ショイブレにとって、それはまさに悪夢のシナリオだ。そんなことになれば、スペインやポルトガル、イタリア、その他の欧州の人々までもが、少しでも自分たちの経済を左右する力を取り戻すことになりかねないからだ。

最悪、私が全責任を負わされることになるのだろう。だが私に、ほかの道はあるのか？　歴史のいたずらによって、正しいことを行い、権力者に真実を語り、荒地に真の回復をもたらすために働くための、めったにない機会が与えられようとしているのだ。これを辞退することは許されない。

ギリシャ的緊縮策《グリークステリティ》！

私たちには問題が山積みだったが、トロイカ側にも悩みがあった。ＩＭＦは初めから不安を抱えていた。ヨーロッパ出身の役員たちは、フランスの銀行やドイツの政治家たちとのコネの方が、ＩＭＦ内部の規則や結束よりも重要だった。そ

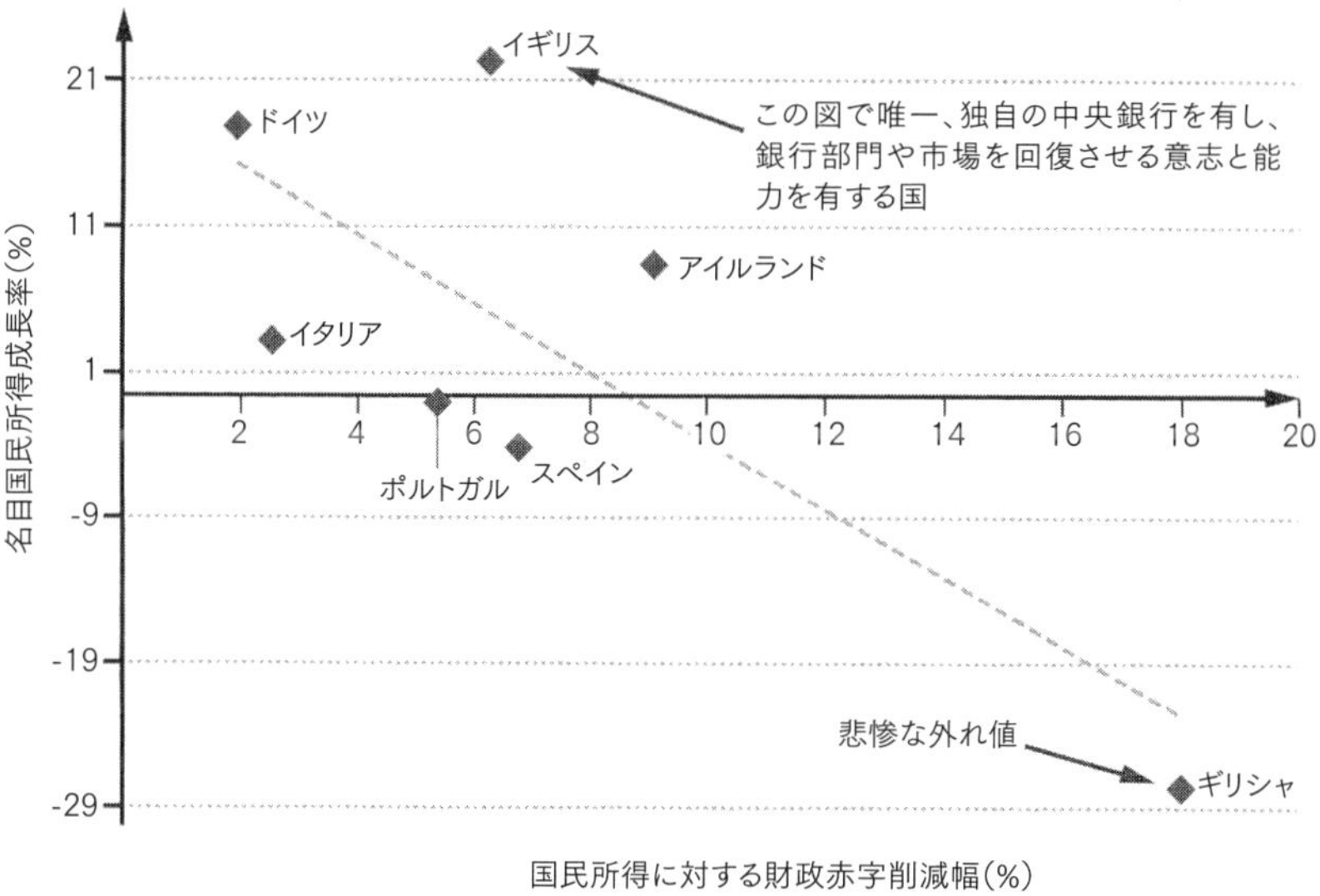

図２　緊縮策と国民所得成長率の関係（2009 ～ 2014 年）
横軸には緊縮策の程度を、政府財政赤字削減幅の国民所得比で示している。縦軸は同じ時期の名目国民所得成長率である。

んな彼らのせいでIMFは、ベイルアウティスタンの泥沼に引きずり込まれてしまったのだ。二〇一一年以降、IMFは債務免除が重要だという異論を唱《とな》えてきた。二〇一二年にはギリシャ政府と対独共同戦線を張ろうとしたが、失敗した。二〇一三年六月には、ギリシャの銀行の資本再構成《リキャピタリゼーション》はまったく不十分で不適切だったと発言し、二〇一四年五月には「債務の持続可能性はいまだに深刻な懸念材料」だとする報告書を発表した（これは破局的水準だということの婉曲《えんきょく》表現である）[★9]。何年間も分析と予測を見事に外して、ようやくIMFの分析官たちも（そして経済学を少しでも勉強したことのあるトロイカの役人たちも）、ギリシャ救済プログラムが根本的に間違っていることを認識したのだ。これを実施することは不可能となった。

　IMFの分析のどこが間違っていたのかは、付録2で十分に説明している。ここでは、緊縮策《オーステリティ》の自滅的な性質を簡単に図2で説明しよう。

　横軸は、信用収縮《クレジット・クランチ》からシリザ勝利までの五年間に実施された（累積的な）緊縮策の程度である[★10]。ドイツの緊縮策が二％、イタリアは三％、ポルトガルは五・四％、英国は六・三％、スペインは六・八％、アイルランドは九％だ。それに対して、ギリシャは一八％である。他方、縦軸は同じ時期の国民所得の累積成長率である。緊縮策が厳しくなるほど、国民所得の成長率が低くなることは明白だ。[11] いちばん右下に位置するギリシャを見れば、この悲惨な事実が十分に伝わるだろう。

のちにクリスティーヌ・ラガルドが個人的に私に語ってくれたことだが、トロイカが直面していた問題は、政治的な利害が大きくなりすぎて、もはや過《あやま》ちを認めることができないということだった。[12] 選挙の前日、金融系ジャーナリストが私へのインタビューの休憩時に、ギリシャが回復しているなどと論じるには、断固として真実から目をそむける必要がありますよね、ということを言った。私は賛成しなかった。「真実を語りたくないという問題ではないのです。彼らは混乱していて、なんとかその場しのぎをしているのです。まずは銀行界を激怒させないように、そしてメルケル氏を激怒させないように。本当のことを言ったらクビになるかもしれないという心配を、彼らはしているのです」

しかし選挙での私たちの勝利が明白になってくると、トロイカも、マスコミも、ギリシャ政府も、この悪循環をいかにして終わらせるかではなく、彼らの政治的アジェンダにとってちょうどよい緊縮策はどの程度なのか、という議論をするようになった。緊縮策をゆるめすぎれば、これまでのトロイカの計算がお粗末《そまつ》だったことを白状することになる。しかし、厳しすぎればギリシャの経済回復という物語に傷が付くし、疑問を抱きつつある国会を通過させることもできない。[13]

ギリシャの人々がシリザに投票した理由はこれだった。これまで権力の端くれでさえなかった急進左派に、人々がいきなり惚《ほ》れ込んだわけではない。人々は、回復の兆しがあるなら、それを台無しにするつもりはなかった。ブリュッセルやベルリン、パリ、フランクフルト、ワシントンと対決するつもりもない。もし緊縮策が本当に機能するのなら、もっと我慢することも、犠牲《ぎせい》を払うこともいとわなかった。そうではなくて、人々が私たちに票を投じたのは、回復したといって喜んでいる人たちを横目に、侮辱《ぶじょく》と貧窮《ひんきゅう》、絶望を嫌というほど味わってきたのに、これまで十分すぎるほどの犠牲を払ってきたのに、何の成果も得られなかったからだ。こうした理由から、急進派や工場労働者、タクシー運転手、農業者だけでなく、真っ当な保守主義者、苦闘する企業家、愛国的右翼、修道士たちも、私たちに投票した。それは、あの、ホームレスのランブロスと同じように、大きく口を開けた黒い穴にまだ呑み込まれていない人たちのことを、心配しているすべての人々だったのだ。

ファースト・コンタクト

私が選挙運動をしていたころ、ドイツの大使に招かれ、醜《みにく》い要塞《ようさい》のような大使館に赴《おもむ》いたことがある。同じく醜い英国大使館から石を投げれば届くほどの場所にあり、イタリアやフランス、エジプトの大使館として使われている美しい新古典様式の豪邸《ごうてい》からもそれほど離れてはいなかった。ドイツの大使は、背の高い痩《や》せた人物で、長時間にわたる刺激的な昼食会を催してくれた。パパスは私に注意を促《うなが》した。私が財務大臣に任命されるかもしれないという知らせに、大使はアレクシスにはっきりと不快感を示したというのだ。それが本当だとしても、彼は私にはまったくそんな様子を見せなかった。見せたとすれば、私という人間を値踏《ねぶ》みしてやろうという意欲だけだった。

彼はしきりに、選挙に勝てばああしろ、こうするなといって説教してきたが、話し相手としては好ましい知的な人物だと私は感じた。二時間が過ぎたころ、その後の私の任務の予行演習を始めてくれた。債務、租税、銀行、市場改革、民営化、労働市場など、ギリシャ経済のすべてに関わる交渉の全体について、シミュレーションが始まったのだ。彼は自分の役割をわきまえていて、ドイツ政府の意向を隠そうともしなかった。ドイツ政府からすれば、ギリシャはとっくの昔に主権を放棄していて、ギリシャ政府は陳情者にすぎないというのだ。だが、彼とて少しは、ギリシャの悲劇に対してはドイツにも責任があるという理解を示し、妥協の可能性をほのめかした。彼はドイツ社会民主党（SPD）に共感しているようだった。

wikimedia commons

ヨーク・アスムセン
(Jörg Asmussen)

同じ日に、パパスがeメールを転送してきた。それは、SPDの若手で、それなりに影響力のあるヨーク・アスムセンからの書状で、そこには政権をとった場合のアドバイスが書かれていた。アスムセンの政治家人生は、二〇〇八年の経済危機のころ、ヴォルフガング・ショイブレが率いる財務省から始まった。そのころは、メルケルのキリスト教民主・社会同盟とSPDとの連立政権だったのだ。ドイツの銀行を救済する試みのなかで、彼は財務省の交渉窓口を担当していた。これにより彼は大いに名声を高めたが、ギリシャが債務者の刑務所に収監《しゅうかん》される様子を最前線で目撃することにもなった。財務省からの報酬として、彼は欧州中央銀行の役員となったが、これは銀行家の資格を持たない若者にとっては権威のありすぎる地位だった。二〇一三年にECBでの任期を終えると、アスムセンはベルリンに戻り、労働副大臣としての重要な任務を授けられた。ドイツ初の最低賃金法の導入に関わったのである。これは、メルケル首相が自らの党内の反発を押し切って、連立相手のSPDとの連立政権と合意した大きな改革であった。

アスムセンがeメールをくれたと聞いたとき、私はおやっと思った。それは彼の職権を越える行為だったからだ。だが、トロイカが私たちに初めて接触する際に、密偵として送り込むなら彼は適任だ。彼ほどの適任者はいない。彼は社会民主党員でありながら、ドイツの銀行が崩壊の瀬戸際《せとぎわ》にある時に、超保守派のヴォルフガング・ショイブレに密着して仕事をしていたのだ。二〇一二年にグレグジットが議題に上がり、マリオ・ドラギがそれを拒否した頃にはECBの首脳部にいて、メルケル首相にグレグジットを撤回《てっかい》するよう助言した人物だ。しかも彼は、ほかのユーロ加盟国にとって最小のコストでギリシャをユーロ圏から切り離すという、ECBの「プランZ」の策定に関わった数少ない人間の一人なのだ。私にとって予想外だったのは、彼が一人で私たちのところに来なかったことだ。彼が手紙をよこした緊急の目的は、もっと重要な人物であるトマス・ヴィーザーを紹介することだったのだ。

私はEUの官僚機構におけるヴィーザーの公式の役割については知っていた。ユーログループと呼ばれる会議で、各国の財務大臣がすべての重要な決定を行う。その準備を行うユーログループ作業部会の議長として、各国財務大臣の部下たちの会合を取り仕切るのが彼なのだ。理屈のうえではヴィーザーは、オランダの財務大臣でユーログループの議長であるイエルン・デイセルブルムの部下ということになる。しかし、当時の私はまだ知らなかったのだが、実はブリュッセルで最も強い権力を持っていたのはヴィーザーだった。ジャン＝クロード・ユンケル欧州委員長よりも、欧州委員会の財務大臣に相当するピエール・モスコヴィシ経済財政委員よりも、そして場合によってはデイセルブルムよりも強力だった。時と場合によっては、すべてを取り仕切っていたのは彼だったようだ。

アスムセンはeメールのなかで左寄りの姿勢を示していた。私たちの成功を祈っています、そうなれば味方をします、というわけだ。eメールの最後には、ヴィーザーを信じて協働してほしい、彼はオーストリアの社会民主党員で、「友人」であり、「頼りになり」、「信頼でき」、「ブリュッセルの機構では重要人物だ」と書いてあった。さらには、私たちが交渉を進めるための時間を捻出《ねんしゅつ》するのを、ヴィーザーは助けてくれるだろうというのだ。アスムセンによれば、ヴィーザーは「プログラムの延長」を「より深い交渉が行われている間、ある意味でギリシャを保護し、前に進むための方策」として提案しているというのだ。「選挙が終わったら、ギリシャの経済チームは早急に彼と接触するとよいでしょう」とし、「私にできることがあれば、すぐにおっしゃって下さい」と結んでいた。

これは期待できそうだった。ギリシャの前政権はプログラムの延長をトロイカと合意していたが、それも選挙の一か月後には期限切れとなる。それは私たちにとっては新たな合意の基礎というよりも、私たちの頭を落とすギロチンだった。だからもちろん、さらなる延長は望むところだ。ヴィーザーとアスムセンが、新たな合意に向けて私たちを支援する意志があるというなら、それは素晴らしいことだ。だが、そんなつもりが本当にあるのだろうか。

アスムセンのeメールには、無記名の「ノンペーパー」が添付されていた。ノンペーパーとは、交渉目的で回付《かいふ》される拘束《こうそく》力のない非公式の文書という意味の専門用語《ジャーゴン》だ。それはヴィーザーが書いたもので、まずはじめに当たり前のことが指摘してあった。ギリシャ政府は「流動性〔資金繰り〕が極めて厳しくなるだろう」というのだ。[★14] それに続いて素《そ》っ気《け》なく、ギリシャ側は、ECBがギリシャに返すことになっているカネ（ECBがギリシャのSMP国債の保有から得た利益から、私たちに返還すると約束された約一九億ユーロ〔約二四七〇億円〕）や、債務を返済する（ふりをする）のに必要だとして前政権の下で合意された融資を、わずかでも受け取れるものと期待してはならない、と書かれていた。[★15] しかしヴィーザーは、トロイカに対する債務をギリシャが尊重することを、トロイカは期待しているとはっきりと書いていた。[★16] これによってギリシャ政府は息ができなくなり、「流動性の懸念《けねん》」と「市場の緊張」が生じることは避けられないというわけだ。ようするに、できるかぎり厳しく公然とギリシャ政府を締め上げることにしますから、投資家はギリシャから逃避し、預金者は取り付けに走り、ギリシャ政府も首が絞まることになりますね、というわけだ。これが「ムチ」の部分だ。

次がヴィーザーの「アメ」だ。トロイカは既存の二度目の救済融資の期限を延長して、二〇一五年二月二八日の斬首《ざんしゅ》刑の執行を猶予《ゆうよ》してくれるかもしれない。そして、即座に現金

wikimedia commons

トマス・ヴィーザー
(Thomas Wieser)

を借り入れる目的で私たちにも発行が許される財務省短期証券（Treasury Bills, TB）について、ECBが定める上限額（クレジットカードの上限額のようなもの）を引き上げてくれるかもしれない。そうすれば、三月にIMFへの返済にあてる現金を引き出すことができる。ただしそれは、私たちがトロイカに対して「協力的アプローチ」をとることが条件だ。[★17]

これほど露骨なメッセージはない。まやかしの追い貸しという異常な儀式に参加しますと言うまでは、ギリシャの財政を締め上げますよということだ。[★18]だが、有権者が私たちに期待しているのは、それを終わらせることではないのか。このeメールを読んだ後、アレクシスとパパスに状況説明を行った。トロイカは予想どおり、私たちの首を絞めるための計画を発動したのだ、と。私はこの機会に、私たちの盟約を再確認した。交渉のチャンスを確保するために、ヴィーザーの提案を受けて二月二八日以降まで期限を延長してもらってもよいが、それには条件がある。まったく違う種類の協定に向けた誠実な交渉を彼らが拒否するならば、当方は債務不履行《デフォルト》するという覚悟を、私たちはしっかりと固めていなければならないのだ。二人は改めてこの盟約《めいやく》を確認してくれた。

私は机に向かってヴィーザーへの返事を書いた。控《ひか》えめさと、彼と仕事するという心づもりを演出しつつ、二点について厳しく指摘した。一つめは、私たちに帰属するSMP国債の利益に関するものだ。トロイカからこれを返してもらえるとは思うなとヴィーザーは言ったが、私は次のように書いた。「ギリシャに属するお金を無条件に返還しないことは、たとえ前政権がそのような法的解釈に同意していたとしても、正当化することは困難です。即座にECBがそのお金を手放すべきだというのが、私たちの当面の見解です。これによって、正当なるギリシャの財産によって、三月末までの資金調達が確保されるのです」

二点目は、「市場の緊張」というヴィーザーの見え透《す》いた脅しに関するものだ（この言葉は、ストゥルナラスの煽動《せんどう》的な発言にも反映されていた）。[★19]

> 行き詰まりが予想されるだけで、不確実性が生まれ、ひいては流動性の問題が生じるかもしれません。しかし、まずもって、行き詰まりの予想を引き起こすのはどんなことでしょうか。それはEUやECBの高官たちが、選挙が終わって数日のあいだに、次の政権に対して、協定書の下線部に署名しろと迫ることです。交渉し直しますと選挙戦で公約していた、まさにその協定書にですよ。
>
> 民主的なヨーロッパはギリシャに対して、堅実な協定の基礎となる提案を新政権が提案できるよう、財政的な余裕を与えるべきです。新政権に対して、財政的な余裕

を与えるのを拒《こば》めば、流動性の問題が引き起こされます。こうして生じる流動性の問題を、外的な制約条件だといって言い逃れることは、それを引き起こしたECBやEUの責任から目をそむけることになります。

このeメールを送り、選挙前の会議にダナエと出かけようかというとき、何をしていたのと彼女が尋ねた。
「新しき、素晴らしき友達関係の構築だよ」と、私は答えた。

民主主義に銃口が突きつけられた

開票日は二〇一五年一月二五日だが、その二日前の夜、シリザの仲間たちは、勝利するとしても国会で安定多数が確保できるだろうかと悩んでいた。しかし、私の心はもっと別の所にあった。

三日前にグレンが、状況が厳しくなっていることを確証するeメールを送ってくれた。サマラス首相が引き起こした銀行取り付けをストゥルナラスが加速させた一二月一五日以降、預金者たちはギリシャの銀行から九三億ユーロ〔約一・二兆円〕を引き出しており、一日あたりの引き出し額は一〇億ユーロ〔約一三〇〇億円〕の大台に乗った。選挙当日までに、一一〇億ユーロ〔約一・四兆円〕が外国に流出するか、マットレスの下に隠されるだろう。★[20] これほど巨額の引き出しに応じるために、銀行は六〇〇億ユーロ〔約七・八兆円〕以上もECBへの依存度を高めなければならなかった。マリオ・ドラギによる銀行閉鎖の脅しは、まさにその銀行閉鎖を正当化するための条件をお膳《ぜん》立てしていた。★[21]

投票日の直前になっても、新政権の仲間たちのなかで、私の懸念を共有できたのはスピロス・サギアスだけだった。私はダナエと共に、アテネ郊外の海岸部にある彼のマンションを訪ねた。そこは私が育った地域だ。マンションの入り口の警備員に威圧《いあつ》されながら、エレベーターに乗った。高層からヨットハーバーを見下ろす彼のペントハウスには、趣味のいいギリシャの現代美術が飾られていた。サギアスはずんぐりした中年の男で、人をほっとさせるような低い声の持ち主だった。彼は、体調がすぐれず申し訳ないと言った。心臓を患《わずら》っていたということだが、それで彼の知性が鈍るとか、鋭い目が濁るとかいうことはなさそうだった。

サギアスは政治家ではなかった。彼が冗談めかして言うには、システミック弁護士だとのことだ（システミックとは二〇〇八年以降生まれた業界用語で、大きすぎて潰《つぶ》せない銀行という意味だ）。民間の利害と公共部門を巻き込んだ巨大な企業取引で、彼の手腕《しゅわん》が求められなかったものはほとんどなかった。民営化、巨大建設プロジェクト、合併《がっぺい》などはすべて、彼の守備範囲だ。なんと彼は最近までCOSCO《コスコ》の顧問《こもん》弁護士をしていた。これは中国のコングロマリットだ。ピレウス港の一部を獲得し、さらに全体を買収しようとしていたが、それこそがシリザが強行に反対する民営化の一件であった。サギアスが新内閣の秘書官になることをパパスから聞いた時、私は驚いたと同時に嬉《うれ》しかった。少なくとも一人、強力な法律家がチームに加わるのだ。法案の書き方を知っているだけでなく、旧体制の骸骨《がいこつ》がどこに埋まっているかを知っている人物なのだ。

サギアスは単刀直入に、ECBは具体的にどうやってこっちの首を絞めてくるのですかと尋ね、私の念頭にあった本題に入った。私は説明した。第一に、ドラギはECBからギリシャの銀行へと流れる流動性の経路を直《じか》に遮断し、より高い金利でストゥルナラスのギリシャ中央銀行から短期融資を受けろと指示する（これはECBが間接的に資金提供するもので、いわゆる緊急流動性支援、あるいはELAメカニズムと呼ばれるものだ）。そして第二に、ECBの政策理事会がストゥルナラスに対して、それ以上のELAを銀行に供与することを禁じる。そうなれば、銀行ATMの資金が底を突き、預金者は暴れ出し、銀行は閉鎖されるだろう。すでに二〇一五年一月二一日には、ギリシャの四つのシステミック銀行のうち二つが、ストゥルナラスのELAによる流動性支援を申請した。

「舞台は整いました。彼らは私たちの登場を待つだけです」と、私は結論づけた。[★22]

そうして私は、当方の抑止戦略と、私が財務大臣職を引き受ける根拠となったアレクシス、パパス、ドラガサキスとの盟約について説明した。彼は私の計画に賛成した。

ところで、と私は聞いた。「どうして新政権に加わることになったのですか？　あなたの経歴は、その直接の理由にはならないように思われるのですが」

「ただ単に、アレクシスを信じているからですよ」と、彼は答えた。説明によれば、彼は若い頃から左翼的な志向をもっていた。支配層の心臓部に移り、システムの歯車に油を塗るようになっても、心の奥底では左翼の理想との繋《つな》がりを失っていなかった。「だから、アレクシスに会った時、私の経験をもって存分に彼の役に立ちたいと思ったのです。シリザのためではありません。アレクシスを守るためです。彼を守るものがたくさん必要です。あなたも含めて。バルファキスさん、間違いを犯してはなりません。最悪な銀行家たちも、ドラガサキスも、シリザの連中も、あなたの足元を掬《すく》おうとするでしょう。苦しい戦いになりますよ」。政権をとる直前に、不安に苛《さいな》まれていたのは私だけではなかったのだ。

サギアスのことが気に入った。何十年も寡頭支配層《オリガルヒ》と付き合って、彼は汚れた身であったが、それを隠そうとはしなかった。私はといえば、政治かぶれの若造よりも、支配層と働き、支配層を知る人物の方を信用する傾向があった。若造たちは簡単に支配層に寝返りかねないからだ。彼の率直さと、政権に協力する理由についての個人的な説明、ドラガサキスや筋金入りのシリザ党員たちについての注意、それに部屋の壁に掛けられた美術品のおかげで、私は彼に安心感を覚えた。

だが、私が席を立とうとするとき、彼は迷っていることを打ち明けた。「私が一〇〇%確実に、その職を受けるかどうかは分かりません」というのだ。

「絶対に受けて下さい」と私は言った。「今は、あの一〇月二八日と同じ状況なのですよ」。ギリシャ政府が一九四〇年に、降伏を迫るムッソリーニの最後通牒《つうちょう》を拒否した日付のことだ。「私たちは、逃れることはできません」

「考えてみます」というその声は、私には、引き受けてくれると信じられるものだった。

アパートに戻ると、ジェイミーからeメールが来ていた。

「君が知っているかぎり、具体的な方針《アジェンダ》は何なんだい？」

「最初から、トロイカや国内の銀行家と衝突しないことだ……」と私は答えた。

グレンに手伝ってもらって私なりに調べると、二〇一五年だけでもギリシャ政府は、債務を借り換えるためだけに四二四億ユーロ〔約五・五兆円〕を必要とした。これは国民所得の二四%に相当する〔二〇一五年のギリシャの国民総所得（GNI）は一七七一億ユーロ（約二三・〇兆円）〕。二度目の救済融資協定で約束したカネをトロイカが全額送金してきたとしても、一二〇億ユーロ〔約一・五六兆円〕の不足だ。民間投資家からカネを借りられず、国庫が空っぽで、人々も困窮《こんきゅう》している国の政府には、返済のための選択肢は一つしかない。年金基金や自治体、病院、公益事業などの積立金に手をつけることだ。トロイカにカネを返すという目的のために、トロイカに頭を下げて、年金生活者、自治体、病院、公益事業からもっと搾りとることを約束しますから、もっと巨額のカネを貸してくださいと言うほかないのだ。こうすることがギリシャの人々のためになるなんて、私には前頭葉白質切裁術《ロボトミー》でも受けないかぎり納得できない。

投票日には、街の人々は私に近づき、約束を破るなよと言って私の背中を叩いた。誰もが口をそろえて、あんたを支持するが、もし裏切ったらタダではすまないぞと言った。

常識外れのパートナー

アレクシスが閣僚名簿を作成している頃、私は敵に回りそうな人間の数を減らす努力をしていた。グレンは私に、民間の金融業者を味方に付けるべきだと言った。それには二つの理由があった。まず、救済融資によって民間金融業者はしっかりと債権回収をしていたので、彼らに対するギリシャ政府の債務残高はごくわずかだった（債務総額のうち民間に対するものは一五％だけだった）。次に、彼らは算数ができるので、私の議論が正しいことが理解できるはずだ。金持ちで、権力がある人たちは、敵に回すより、私たちの味方についてくれた方がよいではないか。グレンは私に、宣言文の形で申し出をすべきだと提案した。「私たちは民間部門の投資家が保有するギリシャ政府関連の債務を、さらに再編する必要性を認めません」という文言だ。結局はさらに踏み込んで、必要性を認めないばかりか、「そのような考えに反対します」と宣言するに至った。

他方、考えるための時間を割《さ》いて、政権の構成についての議論に参加した。安定多数がとれなければ、連立政権もありうる。パートナーになりうる政党はどこか？　これまで政権について救済策を受け容れてきた政党を除いて、まったく無関心な共産党と、黄金の夜明けというネオナチ政党を除外すると、可能性は二つしかなかった。

一つは「川《トポタミ》」だ。これは社会的自由主義的中道政党だ。その指導者は以前から私やダナエと親交があるジャーナリストで、私は彼のニュース・サイトに一〇〇件を超える記事を書いてきた。私の個人的な好みからいえば、手を組むべき政党はここだ。この党のキーマンたちと私は知り合いだし、仲もよかった。しかし一つだけ問題があった。彼らは、トロイカを強く支持する立場をとっていたのだ。

存分にトロイカとやり合ってもよいが、絶対に交渉を決裂させてはならないと、彼らは言うだろう。しかし私は、机を蹴《け》る覚悟がなければ、交渉の部屋に入る意味がないと答えるだろう。そういうわけで、「川」と連立を組むことは自滅的な戦略であり、実際のところ無意味なことだった。トロイカが銀行閉鎖のボタンを押したとたんに、債権者との決裂をもたらしたといって「川」が国会で厳しく私を批難し、政権を混乱させるだろう。それはトロイカもお見通しだ。

いずれにせよ、シリザの指導層は、特にアレクシスは、すでに考えを決めていた。私にも察しはついていたのだが、それを想像するだけで吐き気を覚えた。アレクシスが協定を結んだのは、「独立ギリシャ人」の指導者、パノス・カメノスだ。彼はこの党の創設者だが、前の新民主党政権で副大臣を務めていた。しかし彼は二〇一一年、二度目の救済融資を国会で可決することを使命とする、ＥＣＢの元副総裁が率いる専門官僚《テクノクラート》の連立政権に反対票を投じ、面目《めんぼく》を保った。その結果、新民主党を追い出され、何人かの離反者《りはんしゃ》とともに「独立ギリシャ人」を立ち上げたのだ。これはベイルアウティスタンの救い難《がた》い狂気が生み出した政党だ。救済策に強く反対する立場から、新民主党の保守主義者はもちろん、PASOKの社会主義者や「川」よりも左に位置づけられるが、社会問題や外交問題に関して言えば極右《きょくう》だ。極端なナショナリズムを煽り、人種主義や男性優位主義《セクシズム》、反同性愛主義《ホモフォビア》を隠そうともしないのだ。

それだけではない。カメノスは気に入らない政治家について、小さな事実をつなぎ合わせて大きなウソに変える反ユダヤ主義の陰謀《いんぼう》論者のように、根拠のない糾弾《きゅうだん》をする性向があった。カメノスがヨルゴス・パパンドレウと彼の家族を糾弾したときに、パパンドレウたちは名誉毀損《めいよきそん》の訴えを起こして勝訴したが、私は彼らのために証言を行ったのだ。[★23] だから私がカメノスに気に入られるということは考えにくい。内閣で彼と一緒になると考えただけで、心が落ち込んだ。

wikimedia commons

パノス・カメノス
(Panos Kammenos)

アレクシスは、カメノスと連立政権を作るという決断について、私に簡潔《かんけつ》に説明してくれた。選択肢は二つありました。一つ目は、混乱なく遅滞《ちたい》なく独立ギリシャ人と連立政権を組み、カメノスを防衛大臣に任命することです。トロイカとの交渉や社会政策に関する決断においては、シリザの革新的アジェンダが優先されるので、そこにはいっさい口を挟まないというのが条件です。二つ目は「川」との長々しい連立交渉に突入することでしたが、そうやってできた政権は、トロイカが好きなときに転覆《てんぷく》させることができますよね。「考えるまでもないことですよ」と、彼は結論づけた。

数か月のうちに、アレクシスは正解だったことが分かった。カメノスと彼の仲間たちは約束を守り、私たちの交渉スタンスを完璧に支持してくれた。実際、私と初めて会った時、カメノスは私に対する敵意をまったく見せなかった。それどころか、彼は私をハグし、敬意を込めた言葉づかいで、私の戦略を完全に支持することを約束してくれたのだ。とはいえ、この協力関係がいくら実用的な理由に基づくものだとしても、私にはどうしても連立パートナーたちの、ナショナリズムと排外主義がごちゃ混ぜになった思想や、教会と軍隊と国家の関係に関する前近代的な考え方には、嫌悪《けんお》感を拭《ぬぐ》えなかった。翌週以降、外国のジャーナリストたちからいろいろと難しい質問を浴びせられたが、いちばん厳しかったのはこの連立に関する質問だった。

「もし君が夢を抱くことができて――そして夢の奴隷にならなければ」[★24]

二〇一五年一月二五日の午後八時頃、私たちが見事に勝利したことを知った。数時間後には、過半数まで二議席足りないだけだということが分かった。[★25]街はこれを祝福する群衆でいっぱいになった。

その群衆に参加する前に、私は机に向かってブログの記事を二つ書いた。一つは（ギリシャ語で）有権者に向けた感謝の言葉、もう一つは（英語で）より広く世界に向けた希望のメッセージだ。一つ目の記事のなかで、ランブロスとの出会いについて書いた。「財務省の門をくぐるたびに、彼の言葉を思い出すでしょう。金利スプレッドや、財務省証券の利回りや、トロイカとの覚え書き（MOU）ではなく、彼の言葉だけが、私の頭をよぎることでしょう」。私たちの勝利に驚く、ギリシャ語を話さない人々には、ディラン・トーマスの言葉を借用して、次のように書いた。

> 今日、ギリシャの人々は、希望を信じて票を投じました。ギリシャの尊厳《そんげん》を踏みにじり、ヨーロッパの闇の勢力を肥《こ》え太らせている、底知れぬ経済危機に終止符を打つために、民主主義のこの素晴らしき祭典において、投票箱に願いをかけたのです。
>
> 私たちの大陸の、北にも、南にも、東にも、西にも、ギリシャの人々は連帯のメッセージを送りました。危機から目を背《そむ》ける時代、懲罰《ちょうばつ》と批難《ひなん》の時代は終わりだという、シンプルなメッセージです。自由、理性、民主的手続き、正義という理想が息を吹き返す時代がついに、これらの産みの親であるヨーロッパ大陸に訪れたのです。
>
> 今日、ギリシャの民主主義は、おとなしく闇に向かう歩みを、終わりにすることを選びました。ギリシャの民主主義は、光明が消え去ったことに、決然と怒りの声を上げたのです。
>
> 私たちは、民主的な負託《ふたく》を得た今こそ、ヨーロッパの人々、世界の人々に呼びかけます。持続可能な繁栄を分かち合うために、ともに立ち上がりましょう。

その後の数日間、そして数か月間、私はどうやって猛烈なストレスに耐えられたのかと聞かれることが、しばしばあった。その答えになるのが、私が大アテネ選挙区に出馬すると宣言した一月九日に書いて、日付を空けて署名しておいた辞表だ。ブログには、こう書いた。

選挙戦に参加したのは、けっして私の意志ではありません。経済危機の発生以来、私はさまざまな政党の理性的な政治家たちとオープンな対話が続けられると期待していました。しかし、救済策によってオープンな対話は不可能になりました。……名乗りを上げた今、私が最も懸念《けねん》することは、私が政治家になってしまうことです。それに対する解毒剤《げどく》として、辞表を書いて、内ポケットに入れておくことにしました。権力に対して真実を話すという約束が果たせそうにないと感じたら、いつでもこの辞表を出せるようにしておくのです。

一月二五日、祝福する群衆に参加し、シリザ本部（ＨＱ）に向かうときにも、内ポケットに辞表が入っていることを確かめた。あの日曜の夜以来、マキシモス（首相府）にも、財務省にも、ユーログループにも、ヴォルフガング・ショイブレのオフィスにも、どこに行くにもこれを手放さなかった。これがあると安心で、自由な気分になれた。しかし、どんな自由にも代償《だいしょう》が付き物だ。目の利《き》く者たちはこの自由を察知し、私への敵意を強めた。

月曜午前六時、開票作業が終わると、ヴァシリから携帯メールが届いた。「信じられない！　君は一四万二千票だよ」。だが、十分な票を得て議席を得たという満足感は、すべての結果を確認するや、不安に代わった。ギリシャのいかなる選挙区においても、シリザの候補者たちは（それどころか、どの党の候補者も）これ以上の票を得ていなかったのだ。私はいずれ、この成功の報《むく》いを受けることになるだろうと思った。

その朝、辞任する大統領の公邸でアレクシスは宣誓《せんせい》を行い、マキシモスに向かった。通常は退任する首相がここで待機し、引き継ぎの儀式を行うことになっている。だが、アントニス・サマラスはここにいなかったので、アレクシスはそのまま部屋に入り、仕事を始めた。新政権の宣誓は翌日なのに、組閣《そかく》は完了していなかったのだ。

私は、カメノスや独立ギリシャ人との連立については数日前に妥協《だきょう》していたので、あとは重要な経済分野を担当する二人の閣僚指名についてのみ意見をした。私は、二つのポストはエフクリディスとスタサキスに与えられるべきだと主張した。ユーログループでの主な交渉の負担は私が引き受けるが、経済関連の大臣としてエフクリディスが閣内にいてくれたら、ベルリンでも、パリでも、ブリュッセルでも、フランクフルトでも、私たち二人が支え合うことができる。

その夕方、官房長官を引き受けたサギアスから、手続き上の打ち合わせをするための電話がかかってきた。その会話のなかで彼は爆弾発言を放った。アレクシスはエフクリディス

wikimedia commons

パナヨティス・ラファザニス
(Panayiotis Lafazanis)

を内閣に入れなかったというのだ。

「いったいどうして?」と私は聞いた。

彼の説明によれば、シリザ党内のバランスを保つために、アレクシスは代わりにパナヨティス・ラファザニスを経済関係の大臣〔再建・環境・エネルギー相〕に指名したとのことだ。これは酷い話だ。ラファザニスは、ドラガサキスと同様に長らくギリシャ共産党の活動家だった男だ。だが、ドラガサキスが右にシフトしたのに対して、ラファザニスはいまだにソビエト的思考に凝《こ》り固まっていた。シリザ中央委員会の三分の一を占める左派プラットフォームを主導していたのが彼だった。致命的《ちめい》なのは、ラファザニスや彼の支持者がグレグジットを党是《とうぜ》とすべきだと信じていたことだ。ユーロ圏を離脱するという脅しをかけなければ、まともな取引は絶対にできないと、彼は何度も主張していた。主要経済閣僚の一人にラファザニスが就き、盟約《めいやく》を交わしたエフクリディスが閣外に押しやられたら、私の交渉戦略は台無しになる。

サギアスが電話を切ると、私はすぐにアレクシスに電話をかけ、ラファザニスの指名は間違いだ、エフクリディスを閣僚から外すことは受け容れられないと伝えた。アレクシスが言うには、エフクリディスに財務副大臣として税務当局を管《かん》轄《かつ》させようと提案したのだが、彼は腹を立てて、そのための専門知識はないと言って拒否したというのだ。

「先生、あの人にはボロクソに言われましたよ。心外《しんがい》だ！しばらくは、あの人には国会で、シリザの議会スポークスパーソンでもして、おとなしくしてもらいましょう」

私は言った。「まずはね、エフクリディスの言うとおりだよ。租税政策は彼の強みではないからね。それに何より、ラファザニスではなくて彼に大臣になってもらって、交渉のときにはオレについていてほしいんだよ」。エフクリディスが税務当局の責任者になってしまったら、彼はアテネに縛《しば》りつけられ、私が一人で出張することになる。「オレたちが二人とも大臣として一緒にいれば強力なチームになるのに、大きな損失だよ、アレクシス」

アレクシスは答えた。「もう遅いのです。ラファザニスを内閣に入れて、経済関係の省を担当させるのは、外から邪魔をさせないためです。明日が宣誓式なのに、今から彼を追い出せば、今以上に私に対する反感を強めることになります。左派プラットフォームが反旗を翻《ひるがえ》しますよ」

一理ある。エフクリディスを内閣に入れるには、別の方法を考え出さねばならなかった。

「一つ代案があるぞ」と私は言った。外務省には、対外経済関係に関する事務局長のポストがある。私はこのポストを昇格させて、対外経済関係に責任をもつ担当大臣にしようと提案した。そうすればエフクリディスは立派な大臣として、ドイツやEUやIMFとの交渉に密接に関連する書類を持って、私と一緒にどこにでも行くことができる。「どうかな?」

「いいと思います。でも、エフクリディスさんが受け容れてくれるでしょうか? さっき話をしたときには、あの人が激しく罵倒《ばとう》してきたので、こっちもきつく言い返してしまったのですが」

「代わりにオレが話をしよう。引き受けてくれるなら、アレクシスがそのポストを作ってエフクリディスを指名するつもりだよと、そう伝えてもいいかな」というと、彼は同意した。「では、オレに任せてくれ」

私はすぐにエフクリディスに電話をした。彼の声からは怒りと悔《くや》しさが伝わってきた。私の案を説明すると彼は、少しは元気が出たようだったが、こう言い放った。「しかしヤニス、アレクシスのやり方は非道《ひど》いぞ。約束を破ったのも非道いが、何のために約束を破ったかというと、ラファザニスを、あの重要な経済関係の省のトップにするためだと。あいつは交渉が始まる前から、それをぶち壊そうとしている男だぞ。あんな男と一緒にやりたくはないぜ」

私はどうにか、オレたちが直面しているのは歴史的に重要な局面なんだよ、アレクシスだってバランスをとるのが大変なんだよ、などと言って、彼をなだめようとした。

さらに私は続けた。「オレだってアレクシスには腹が立っているんだ。でも、今は解決策を見つける時なんだ。オレが提案している新ポストは完璧だよ。交渉を進めるうえで、大臣二人で物事を判断できるんだからね。お願いだから、引き受けてくれよ」

「でも、アレクシスがおれをそのポストに任命する、というのが信用できないよ」と彼は反論した。

「それじゃ、オレのことは信用できるかい?」

「ああ」と彼は言った。

数分後、私はサギアスに電話した。そして、エフクリディスの名が、明朝の宣誓式に臨《のぞ》む閣僚名簿に加えられた。

宣誓式は大統領公邸で行われた。大臣、副大臣、閣外大臣が行列をなして大統領の前を通りすぎ、大小二つのグループに別れた。なぜ最初に二手に分かれたのかというと、私たちの新政権はギリシャで初めて、ほとんどの閣僚が聖書による宣誓を拒否し、憲法への忠誠を世俗的な形で確認することを選んだからだ。だが、独立ギリシャ人は聖書で宣誓することに決めたので、二つのグループに分かれて宣誓することにしたのだ。

儀式は一時間以内に終わった。新大臣たちは早く自分の省《しょう》に行って引き継ぎ式をしたかったが、私の場合は前の財相が机を片づけるのにもう少し時間が欲しいというので、急ぐことはなかった。大統領が公邸に戻ると、アレクシスは私に、シンタグマ・スクエアの財務省の建物に行く前に、大統領公邸の隣にあるマキシモスに立ち寄ってほしいと言った。アレクシスが落ち着くまで、引き継ぎ式が遅れていた閣僚たちとの会話に熱中した。そうして、歩いて首相官邸に向かった。私が立ち入るとき、外に立っていた警察官が私に、パットン将軍〔第二次世界大戦時の米国陸軍の将軍〕を相手にしたかのような敬礼をした。私はどうしても、こういうものに慣れることができなかった。

なかに入り、しばらくあちこちを見て歩いた。ギリシャの最高権力を象徴する建物にしては、思ったより小さかったが、イタリア様式で趣味がよかった。首相の秘書官たちのオフィスを過ぎて、神聖なるオフィスに向けて歩いた。シリザ本部のあるオンボロの地域になじんでいた党職員たちが、豪華なマキシモスに全然似合っていなかったのが面白かった。

そのなかの一人に私は言った。「エレニ、すぐに慣れるよ」

「はい、大臣」と、彼女はおどけた返事をした。

アレクシスの新しい執務室に入ると、エレニの態度が思いだされた。私が彼を見つめ、うやうやしくお辞儀をして「首相……」、と言ったところで二人とも爆笑してしまった。彼は椅子から立ち上がり、私たちはハグをした。私は笑いをこらえながら、「オレたちはいったい、なんてことをやってのけたんだろうな」と言った。そして、「お次は何だ？」と、質問というより後悔《こうかい》のような声を漏らした。

彼はそれに答えずに、白い歯を見せて首を横に振った。「ドンと来い、ってやつですよ」

しばらくぼんやりと部屋のなかを眺《なが》めていると、首相の机の向こうにかかっている、ギリシャ国旗を描いた巨大なおぞましい油絵に、私の目は釘《くぎ》づけになった。私の大好きなギリシャ国旗が、見事なまでに醜く暴君的に描かれていたのだ。それは国旗が象徴する繊細《せんさい》な愛国心とは正反対のイメージだった。

「あいつをどっかにやってくれないか、それともオレが出て行こうか」と私は言った。

「心配しないでください。どこかにやります。酷い絵だ」と、アレクシスは答えた。

再び彼と目が合うと、彼は真剣な眼差《まなざ》しで、真剣な口調でこう言った。「よく聞いてください。ここで気を許してはいけません。オフィスの装飾品を気に入るようなこともないように。部屋も、椅子も、おれたちのものではありません。おれたちの居場所は、この外です。街で、広場で、人々と共にあるのです。彼らのために仕事をするために、ここに来たのです。おれたちがなぜここにいるのか、忘れないでください。ほかに理由はないのです。そして、いいですか。おれたちが約束を果たすのを、奴らが邪魔するようなことがあれば、カギを返して再び街に出ましょう。次のデモを準備するのです」

その時、地球が止まっていたとしても、私には気づかなかっただろう。素晴らしい瞬間だった。アレクシスに対して懸念を抱いていたことを、私は恥ずかしく思った。恐れも不安も霧消《むしょう》した。光明《こうみょう》が消えてもかまわないと思った。光明は間違いなく消えるのだ。光明が消えることに、ともに怒りの声を上げるために、私たちはここにいるのだ。

さあ、仕事を始める時間だ。